도표로 읽는 명상 입문

도표로 읽는 명상 입문

글 혜명 김말환 그림 배종훈

스티브 잡스, 유발 하라리,
오프라 윈프리는 왜 명상을 할까?

민족사

21세기를 살아가는 지성인들은 한번쯤 명상 수행 센터를 찾아가서 일상 생활을 멈추고서 한가롭고 편안하게 오직 자기 자신을 지켜보는 명상에 동참하고 싶어 한다. 명상을 통해 순수 내면의 세계를 찾아가는 호기심 가득한 과제에 도전하고 싶다고들 한다.

또한 명상이 현재 살아가는 사람들의 생활 방식이나 관념들을 잠시 멈추게 하고, 새롭게 바라보게 하고, 지금 현재의 순간순간에서 더 지혜로운 삶을 모색할 수 있도록 이끌어 줄 것이라고 기대하고 있다.

왜 이러한 기대를 하고 있다고 보는가? 10여 년 전부터 명상전문지도자들과 함께 시간을 보내면서 한결같이 체험하면서 느낀 것이다. 함께 명상하면서 우리의 일상생활이 외부의 세계에서 무엇인가를 좀 더 많이 얻고자 하고, 더 많이 갖기 위해 시간과 에너지를 대부분 낭비하고 있다는 사실을 스스로 자각하는 모습을 볼 수 있었다.

자기의 몸과 마음에서 과거에 살아가던 삶의 방식을 놓지 않으려는 태도를 견지하면서 자신이 갖고 있던 선입관, 습관들, 무의식적 행위, 자동적 사고 등으로 인해 주관적 견해를 고수하고, 그것에 집착하는 데 머물고자 하였다는 사실을 받아들인다.

붓다께서는 마음이 평온하고 고요하지 않으면 늘 마음이 산만하고 불안하여 있는 그대로 볼 수 없다는 것을 분명하게 강조하셨다. 왜냐하면 마음이 평온하고 고요함을 지니지 않으면 자기 자신의 몸 감각이, 생각이 어디로 가고 있는지 알아차림을 하지 않기 때문이다. 지금 이 순간 소중한 자신을 잃어버리고 살아가고 있다는 사실은 오직 자기 자신만이 알 수 있는 영역이다. 자기 자신을 제외한 다른 어떤 이들도 알지 못하는 자신만의 영역에 갇혀서 살아가고 있다는 사실을 알아차릴 수가 없다.

2600년 전 붓다가 일찍이 깨달았듯이 자기 자신의 몸과 마음의 존재 구성이 여러 가지 구성 요소로 모여 있다는 사실을 직시하고, 그것은 언제 어디서나 끊임없이 변하고 있으며, 자기라고 인정할 만한 것이 없다는 사실을 받아들여야 한다. 붓다께서는 이러한 사실을 수용하지 못하는 것에서부터 욕망이, 어리석음이 싹트기 시작한다고 보았다. 즉 모든 존재가 영원할 것 같지만 영원하지 않다. 모든 존재는 항상 변화한다. 그래서 자기 자신이라고 주장할 만한 것이 하나도 없는데, 자기를 내세우고 채우고자 하는 집착이 우리 자신을 고통 속으로 몰아가고 있다.

지금 우리가 살아가는 21세기는 정보 산업화 시대다. 우리는 정신을 못 차릴 정도로 빠르게 변화하는 시대에 적응하며 살아가야 한다. 수많은 정보의 검색에 몰두하는 과정에서 자신의 존재, 본성, 내면을 주시하는 여유를 가질 수가 없다. 그 때문에 더욱 공허해지고, 스스로 자기 자신을 챙겨주고 보살펴야겠다는 것을 요구하게 된다. 그러한 순간이 명상을 찾는 계기가 되는 듯하다.

명상은 무엇을 알고 이해하고 얻으려고 하는 것이 아니다. 지금 바로 이 순간, 몸의 감각이나 생각의 흐름을 순간순간 낱낱이 세밀하게 객관적으로 있는 그대로 바라보고 철저히 통찰 수행할 것을 요구한다.

명상은 스스로가 잊고 살아가던 자기 자신의 존재를 잠시라도 찾아서 머물 수 있도록 이끌어준다. 명상을 통해 마음의 본성이 평온하고 고요하다는 것을 스스로 느낄 수 있기에 본성의 존재를 바로 깨달을 수 있고, 올바른 자애의 자비심을 일으켜서 나와 모든 이를 사랑할 수 있고, 드디어 번뇌의 불꽃을 끄고 열반 적정의 경지에서 자유로울 수가 있다.

지금 이 순간순간 언제 어디서나 언어적 기능에 얽매인 생각에 쫓아가지 말고, 자기 자신의 몸 감각에 주의를 기울이면서 자기 자신을 온전히 있는 그대로 바라보고, 깨어 있는 삶으로 나아가기를 희망하는 모든 이들에게 도움이 되기를 바라면서 이 책을 열고자 한다.

무엇보다 이 책을 집필하면서 붓다의 초기불전연구에 앞장서 주셨던 대림 스님과 각묵 스님께 마음 깊이 고마운 마음을 올린다. 대림 스님과 각묵 스님께서 번역해 주신 대념처경(大念處經, D22)과 그 주석서인 『네 가지 마음 챙기는 공부』(초기불전연구원 2003)는 필자가 명상을 공부하고 수행하면서 정말 큰 도움을 받았다. 늘 감사하게 생각하며, 그 고마움을 이 지면을 통해서 인사드리고자 한다.

그리고 이 책을 출판해 주신 민족사 윤창화 사장님, 집필을 제안하고 편집을 맡아주신 사기순 주간님, 그리고 글의 내용을 쉽고 재미있게 이해할 수 있도록 꼼꼼하게 그림을 그려주신 배종훈 작가님께도 깊이 감사드린다.

원고를 꼼꼼히 읽어주시고 추천사를 써 주신 경오 스님, 이태정 박사, 신진욱 박사, 정연희 선생님, 이정현 선생님께 감사드리며, 10여 년간 명상 지도자를 배출하는 과정에서 동국대학교 미래융합 교육원 담당자님들과 명상 강의를 함께 도와준 정진숙 박사님, 대허 스님, 고태현, 문지영, 정영화, 김백순, 유만성, 박주일, 김영애, 서경순, 최은숙, 김근하 명상 지도자님, 그동안 만난 수많은 인연들, 특히 이 책을 통해 명상에 입문하는 모든 분들이 행복해지길 발원한다.

2023년 2월 관악산 화승사 수행터에서

혜명 김말환

| 차례 |

제1장 명상을 시작하는 이에게 당부

제2장 근원 없는 생각에 휘둘리지 말고 지금 현재의 순간에 깨어 있으라

제3장 붓다가 깨달은 명상의 기본 원리

제4장 명상 수행의 시작

제7장 명상의 10가지 방법 사례

제1장

평상을 시작하는 이에게 당부

쉽게 접근하라

매일 매일 순간순간 일어나는 것에 대한 알아차림 수행을 지속하기 위해서 명상을 너무 어렵다고 생각하지 말고, 쉽게 접근하라.

의도적으로, 들숨 날숨을 알아차리면서 명상을 하게 되면, 마음이 더 평온해지고, 감정에 휘둘리던 자기의 정서가, 내면의 회복력의 힘이 강하게 나오면서 긍정적 에너지의 기운 때문에, 주변의 사람들이 명상하는 이를 좋아하게 되고 그래서 행복해진다.

명상하는 이는 몸도 긴장 없이 건강해야 하기 때문에 자기의 몸을 튼튼이 건강하게 잘 유지하도록 돌보아야 한다. 몸을 지나치게 유연하게 하기 위해 고행에 빠지거나 요가 수행에 몰두하지 말아야 한다. 마음은 앞서나가서 무엇인가 빨리 얻거나 깨닫고자 한다면, 마음은 굳건하지 못해 쉽게 흔들린다. 몸은 도를 담는 온전한 그릇으로 바로 세우고, 마음은 유연하게 여유를 가지면서, 멀리 보며 나아가야 한다.

명상을 할 때는 함께 수행할 친구(도반)를 구하는 것이 좋다. 예부터 좋은 도반(수행할 친구)과 함께 수행한다면 이미 반은 얻었다고 한다는 말이 있다. 왜냐하면 우리의 몸이나 마음은 늘 안일하고 편안한 유혹에 빠지기 쉽다. 좋은 도반과 함께 수행한다면 서로서로가 거울이 되어서 깊이 있는 수행으로 나아갈 수 있기 때문이다. 반대로 그렇지 못하다면 점차 수행인의 자세가 흐트러진다. 붓다는 여러 경전에서 "좋은 도반을 만나지 못하면, 차라리 혼자서 가라."라고 충고하고 있다.

– 초심자의 명상수행은
매일 매일 순간순간 일어나는 생각에 대해 쫓아가지 말고, 주의를 기울이며, 그 생각이 일어나는 것을 알아차림하는 수행을 지속하는 것이다.

– 의도적으로 한 곳에 조바심이나 긴장 없이 주의 집중(들숨과 날숨)을 한다.

– 명상을 할 때는 혼자서 하는 것보다 좋은 친구들과 함께하는 것이 좋지만, 그렇지 않으면 혼자서 자기의 내면을 바로 통찰하는 것이 좋다.

주의를 기울여 의도적으로 호흡하라

생활 속에서 수행하고 있다 하더라도 적어도 하루에 한 번 이상 의도적으로 호흡을 해야 한다. 호흡을 깊거나 짧거나 지켜보며 알아차림 하는 순간순간은 곧 자기를 향한 친절하고 귀중한 정신적 습관이 될 수 있다.

우리는 생명이 있을 때까지 늘 숨을 쉬고 있지만, 호흡을 하며 살아간다는 느낌을 알아차리지 못한다.

들숨 날숨, 들이쉬고 내쉬는 호흡 감각에 단지 주의를 일 순간 기울일 수만 있다면 명상 수행의 중요한 집중력을 키울 수 있고, 판단 없이 순수하게 자기 자신의 본래 존재로 나아가게 되어서, 어렵고 힘들다는 부정적 생각에서 벗어나 어느 사이에 가볍고 부드러운 미소가 내면 깊숙한 곳에서 올라올 수가 있다. 초보자라 할지라도 너무 명상을 잘하고자 애쓰지 말라.

그저 앉아 있는 동안 가볍게 웃으며 자신의 몸에 주목하라. 누워 있거나 서 있거나 걸어갈 때도 수행자는 평소 할 수 있는 일에 대해서 주의 집중하면서 작은 일이라도 세밀하고 꼼꼼하게 욕심을 내지 말고 일을 마무리해야 한다. 음식은 적게 먹고 충분하게 음미하면서 몸에 부담을 주지 않고, 수행하는 데 방해가 되지 않게 하라.

잠시 하는 명상일지라도 명상 시작 전에는 기대를 가지고 임하되, 명상 중에는 기대를 품지 말라. 기대를 갖게 되면 긴장되거나 스스로 굳어진다. 가벼운 마음으로 편안하게 수행하라. 앉거나 서거나, 걸어가거나, 어떤 일을 하거나, 쉬기 위해 누워 있을 때도 위와 같이 수행하라.

명상 습관: 하루에 한 번 이상 의도적으로 하라.
명상의 도구: 호흡을 도구 삼아서 깊거나 짧거나 지켜보며 알아차림 하는
순간순간은 곧 자기를 향한 친절과 귀중한 정신적 습관이 될 수 있다.

너무 조급하지 말라: 너무 명상을 잘하고자 애쓰지 말라. 그저 앉아 있는 동안
가볍게 웃으며 자기의 몸에 주목하라. 누워있거나 서 있거나 걸어갈 때도 ~
명상 시작 전에는 기대를 가지고 임하되, 명상 중에는 기대를 품지 말라.

왜 명상을 해야 할까

오늘날 우리가 명상에 많은 관심을 가지게 된 것은 여러 가지 이유가 있다. 산업화 시대가 되면서 대량 생산과 소비로 인한 자연의 파괴와 동시에 환경 문제, 더 나아가 인간의 기본적인 존엄마저 파괴되고 있다는 사실을 자각하기 시작했다.

산업화는 지구 환경에 심각한 악영향을 미치고 자연 재해를 피부로 겪고 있다. 게다가 21세기 정보산업화 시대가 되면서부터 글로벌(global)화 되었다. 지구촌이 하나된 세계화 시대에 살고 있는 좋은 점도 있지만, 수없이 쏟아지는 새로운 정보의 흐름에 개개인이 소화하고, 받아들이기 힘든 사회 환경이 된 측면도 있다. 풍요 속의 빈곤, 대중 속에서 소외를 겪으면서, 많은 현대인들에게 스트레스와 불안 우울 증세가 나타나고 있다.

마음의 고통은 육체적 고통을 일으키게 되고, 이것을 극복하고 치유하고자 명상을 많이 찾고 있다. 그뿐만 아니라 오늘날 가족 공동체가 무너지면서 개개인들이 부딪히는 문제들에 대해서 상담을 하거나 공감대를 나눌 수 있는 사람들을 가까이에서 찾을 수 없다는 점도 큰 문제다.

홀로 갇혀진 일터에서 일상 생활의 반복은 탈진 증후군 번 아웃(Burnout)을 일으키고 열린 공간에서 자신의 존재를 스스로 확인해 보고자 하는 외침의 차원에서도 명상을 찾고 있다. 물질적 풍요도 중요하지만, 종종 울창한 숲이나 깊은 계곡, 고즈넉하게 자연을 품고 있는 산사를 찾아가는 것 등으로 마음의 여유를, 시골에서 흙과 함께 살아가는 농부들과 이야기를 나누는 것도 명상을 지속하는 데 큰 도움이 될 수 있다.

인간성 상실의 회복
– 19세기 산업 사회에서 자연환경의 파괴와 대량 생산을 통한 부의 축적에서 오는 반작용
– 부의 개인적·국가적 축적은 갖지 못한 자의 고립과 착취 노동으로 스트레스 심화

글로벌화에서 개인으로
– 고립된 공간에서 자신의 공간으로 존재의 자각
– 대중 속에 함몰되어 끝없이 반복하고 연속하는 틀 속에서, 탈진증후군(Burn out)에서 치유하고자 함.

자연과의 여유로운 만남
– 때때로 시간을 내어서 울창한 숲속에서 나무들과 새소리, 계곡물 흐르는 소리에 귀 기울이기
– 고즈넉하게 자연을 품고 있는 산사를 찾아 산책하기
– 흙과 함께 살아가는 농부들과의 이야기 나누기

습관적 행동을 멈추고 알아차림 하라

명상은 일어나는 생각이나 지금 막 부딪힌 몸의 감각에서 좋다, 좋지 않다는 느낌이 일어날 때, 무의식적으로 따라가지 않고, 잠시 멈추어 지켜보고, 마음을 챙겨 알아차림 하게 되면, 주관적 입장에서 자신도 모르게 일어나던 자동화된 행동에서, 객관적 관점에서 있는 그대로 통찰할 수 있는 공간을 만들 수 있게 되고, 불현듯 일어났던 생각의 흐름에서 빠져나오게 한다.

명상을 통해 자신도 모르게 과거와 미래로 이동하던 생각을 지켜볼 수 있다면 긴장에서 벗어나 여유를 가질 수 있다. 평안한 마음은 힐링이 되고, 주관적 자기 견해를 버리고 판단하지 않고 있는 그대로 보는 지혜를 얻을 수가 있다. 어떤 한 대상에 주의를 집중하면 마음은 고요해지면서 집중의 통찰을 얻을 수 있다. 존재의 실상을 바로 보게 되어서 불필요한 욕심을 비움으로써 있는 그대로를 수용하게 될 때 자애와 평온을 얻게 된다.

명상은 몸의 감각에 쌓인 습관적 행동을 멈추고서, 지금 이 순간에 주의 집중하여 깨어 있는 자기를 자각하는 수행이기 때문에 마음을 평온하고 고요하게 평정한 상태에 머물 수 있는 것이 첫 번째 과제이다. 이 과제가 어느 정도 이루어진다면, 마음의 눈으로 떠오르는 몸 감각의 느낌이나 마음의 산란심을 제3자가 보듯이 선입견을 버리고, 거리를 두고서, 하나하나 낱낱이 세밀하게 순간순간 따라가면서 알아차리는 훈련임을 명심해야 한다.

명상이 지속될 때 고통의 치유를, 인간의 본성을 찾아 내면의 성숙, 나아가 본래 목적인 존재의 근원적 실상을 통찰하여 스스로 구속된 얽매임에서 벗어나 영원한 기쁨과 자유, 즉 열반에 오를 수 있다.

명상: 알아차림과 멈춤 그리고 낱낱이 세밀하게 제3자가 보듯이, 객관화하며 존재를 있는 그대로 통찰하는 것이다.

- 무의식적·자동적 사고와 행동을 멈추게 한다.
- 주관적 관점에서 있는 그대로의 객관적 입장으로 통찰
- 지금 여기에 주의집중은 마음의 평온함과 자애로움 형성
- 고통의 치유에서 나아가 근원적 실상을 통찰
- 자기 존재의 통찰은 구속과 얽매임에서부터 해탈/열반

수행 방법: 마음을 평온하고 고요하게 평정한 상태에 머물 수 있다면, 그다음 마음의 눈으로 떠오르는 몸 감각의 느낌이나 마음의 산란심을 제3자가 보듯이, 선입견을 버리고, 거리를 두고서, 하나하나 낱낱이 세밀하게 순간순간 따라가면서 알아차리는 훈련임을 명심할 필요가 있다.

제2장

근원 없는 생각에 휘둘리지 말고 지금 현재의 순간에 깨어있으라

명상의 어원과 개념

명상이라는 용어는 기원전 5세기경, 붓다 당시 이전부터 전해 내려왔다. 인도의 산스끄리뜨어 드야나(dhyana)로 '의식의 작용이 한결같이 집중된 상태'로 풀이한다. 이 말을 음사(音寫)하여 '선나(禪那), 선(禪), 선정(禪定), 참선(參禪)'이라고 하는데, 선(禪)은 '마음을 고요히 한다.'로 풀이한다. 또한 선은 정(定)으로 번역하기도 하는데, 산란심을 떠나 마음이 안정된 상태로, 삼매(samadhi)의 번역으로도 불린다. 불교의 구역에서는 사유수(思惟修)로, 신역에서는 정려(靜慮)라고 한다. 최근에는 명상으로 부르기 시작하였는데, 명상은 명(冥, 瞑, 暝: 어둡다, 그윽하다, 눈을 감다)과 상(想: 생각 상)의 합성어로 '눈을 감고 그윽하게 생각한다.'는 의미이다.

영어에서 명상은 라틴어 meditare(치료)에서 유래하여 영어로 'meditation'으로 '깊숙이 생각에 잠겨 있는 상태' 즉 '깊이 생각하는 것(to think seriously or deeply)', '특정한 대상에 주의를 고정하고 유지하는 것(to fix and keep the attention on one matter)'으로 이해한다.

명상 수행의 입장에서 '명상은 생각을 하는 것이 아니라, 생각을 알아차리고, 지켜보는 것이며, 생각 없는 고요한 마음, 무심에 도달하는 것이다.' 이 말의 뜻은 빨리어 '바와나(bhavana: 정신을 경작하다, 계발하다)'와 가장 가깝다.

즉 생각을 하지 않으려고 힘쓰는 것이 아니라, 일어나는 생각을 지켜볼 수 있는 고요한 마음, 평정의 마음을 갖게 되면 명상 수행의 길로 접어들기 시작한다.

명상의 어원

한자: 명상(瞑想, 그윽할 瞑과 생각 想(고요히 생각에 잠기는 것) 선(禪), 선정(禪定), 정려(靜慮), 참선(參禪)

빨리어: jhana에서 마지막 모음 a가 탈락한 jhan. 범어로는 dhyana로 의식의 작용이 한결같이 집중된 상태
명상과 가장 가까운 말은 bhavana: (정신을) 경작하다, 계발하다

라틴어: meditare 치료에서 유래, 영어로 'meditation'으로 '깊숙이 생각에 잠겨 있는 상태' 즉 '깊이 생각하는 것(to think seriously or deeply'), '특정한 대상에 주의를 고정하고 유지하는 것(to fix and keep the atten tion on one matter)'으로 이해한다.

명상의 이해

명상은 지금 현재 자기의 존재를 바로 알아차리고, 있는 그대로 바로 보고, 바로 받아들일 수 있는 여유와 유연성, 그리고 그것을 집중해서 일상에서 활용할 수 있는 정신력과 단단한 신체적 건강함을 갖는 것이라 할 수 있다. 명상의 기본은 생각 없이 텅 빈 본래 마음으로 돌아가는 것이다. 텅 빈 본래 마음은 생각 없는 본래 마음이지만, 바다에 파도가 끝없이 일어나듯이, 마음에 생각이 일어나지 않게 할 수는 없다.

명상의 근본적 가르침은 붓다의 초전 법문 4성제 고집멸도에서 잘 나타나 있다. 특히 수행의 길을 밝힌 8정도에서, "정념(正念: 念은 今+心 지금의 마음을 알아차림) 빨리어 사띠(sati: mindfullness, awarness, attention, stop), 그리고 정정(正定: samādhi, quiet, peaceful, 寂靜) 삼매, 고요하고 평화로움으로, 이러한 선정 상태에서 정견(正見), 정사(正思), 있는 것을 있는 그대로 존재의 본질을 바로 보고 바르게 생각하는 경지(존재의 본질을 객관적으로 있는 그대로 지켜보는 것)에 올라 고통의 얽매임에서 벗어난 해탈 열반의 길을 명상으로 제시해 주었다.

오늘날 명상을 통해서 정신건강에 도움을 받을 수 있다는 부분에 대해서는 많은 논의가 이루어지고 있다. 특히 서양 심리치료 학자들은 신체적 · 심리적 · 정서적 효과가 지나치게 강조되면서, 명상의 본질에 대해서 간과하고 있다고 지적하고 있다. 명상은 자기통제와 스트레스 관리, 불안 및 공황장애, 심장박동의 변화 등등(Walsh, 1993). Ulrich Schnabel(2010), C.R. Snyder, Shane. J. Lopez(2002)에 의해서 치유적 임상 논문들이 많이 발표되고 있다.

명상수행적 입장

- 지금 여기에서 몸과 마음을 긴장에서 이완
- 몸의 감각이나 마음을 주의 집중하여 지켜보는 활동
- 생각 없는 텅 빈 본래 마음으로 돌아가는 것

지금의 마음 상태 알아차림과 고요함에 머묾

-정념(正念: 念은 今+心 지금의 마음을 알아차림) 빨리어 사띠(sati: mindfullness, awarness, attention, stop)

- 정정(正定: samādhi, quiet, peaceful, 寂靜) 삼매, 고요함.

치유적 입장

- 자기통제와 스트레스 관리
- 스트레스 감소와 심리치료에 명상의 개입과 치유

집중 명상

명상은 수행방법에 따라 크게 집중 명상과 알아차림 명상으로 분류한다(Goleman,1972).

집중 명상에는 다양한 방법이 있지만, 공통점은 단일 대상에 주의를 집중시켜 의식의 대상을 그 한 곳에만 제한한다. 예를 들면 '호흡이나 화두, 염불, 진언' 등에 둔다. 이때 명상수행자는 주변의 다른 모든 자극을 철저히 무시하고 명상의 대상에만 온 정신을 집중한다.

집중 명상은 삼매(samādhi: 힌두교와 불교의 종교 및 철학에서, 인간이 육체에 얽매여 있는 동안 도달할 수 있는 최고의 정신 집중 상태. 이렇게 정신을 완전히 집중하면 최고의 실재와 하나가 된 경지 내지 합일)에 들어가기 위한 수행이다. 불교의 초기 수행법인 8정도(八正道)에서도 8번째로 나타나는 정정(正定 : 마음을 고요히 안정시킴)인 정(定)도 삼매에서 따온 말이다.

수행법으로는 호흡에 주의가 집중될 때 호흡 삼매(들숨과 날숨 호흡 명상과정에서 오직 코끝 한 점의 감각에 주의 집중한다. 미얀마 파욱 국제선센터), 부처님의 명호를 부르면서 오직 염불 하나에 집중될 때 염불 삼매, 스승에게 화두를 간택 받아 오직 화두에 일심이 될 때를 일행 삼매, 옴 · 옴 마니 반메 훔 등 진언(만트라)을 염송하여 그 진언과 하나 될 때 진언 삼매에 들었다고 한다.

생각을 일으키지 않고 마음을 텅 비우고 '오직 의식을 한 곳에 집중할 수 있다면 삼매에 들 수가 있다. 마음이 집중되어 삼매에 들 때, 완전히 깨어 있지 않은 의식을 일깨우고 진정한 본래의 자신의 눈을 열게 한다. 이 상태는 주관적으로 갖고 있던 생각이나 언어적 개념에서 벗어나 최상의 고요한 상태로 마음이 개방되고 자각되면서 있는 그대로 통찰이 이루어진다.'

명상은 본래 동양에서 특히 인도에서 종교적·철학적 정신 수양의 목적으로 함.

명상 방법–집중명상(concentrative meditation)과 알아차림명상(mindfulness meditation)으로 분류한다(Goleman, 1972)
–정적(정좌) 방법과 몸을 움직이는 동적 방법이 있다.

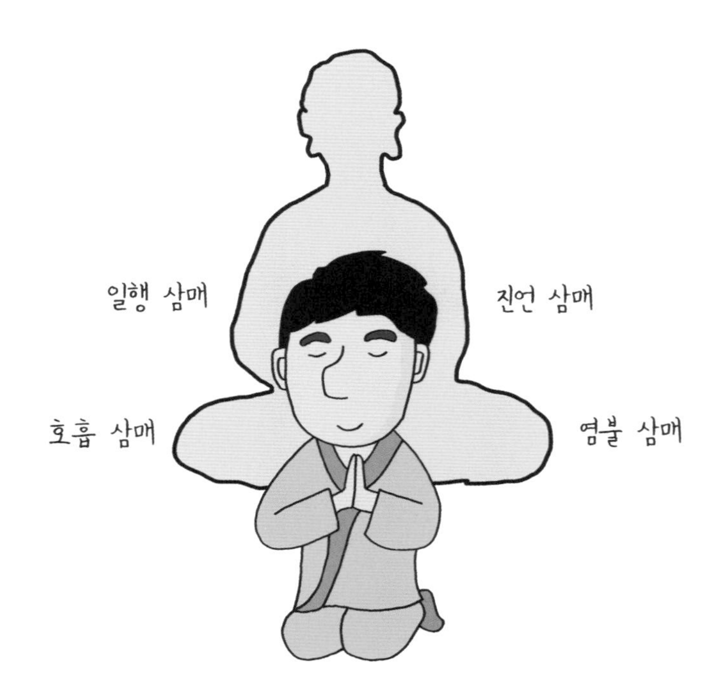

사마타 명상

사마타(samatha, 止) 명상은 번뇌가 멈추어진 고요한 상태, 한 경계에 주의 집중하는 집중 명상의 또 다른 표현으로, 번뇌가 멈추어진 상태로 나아가는 명상을 말한다. 이 명상은 마음에서 일어나는 산란함을 멈추게 하는 데 있다. 그 어원은 '√sam(고요해지다)'에서 기원한 말이며 '고요와 평정, 마음의 평온'으로 표현되며, 산란하지 않음에 부합되는 말이다. 지(止)는 마음의 들뜸을 가라앉히기 위한 수행이며, 고요한 마음을 유지함으로써 바른 통찰 즉 무명을 제거함을 목적으로 한다. 지(止)는 바른 관(觀) 통찰 수행으로 마음의 들뜸과 무명의 타파라는 차원에서는 서로 다른 목적이 있지만, 함께 수행함으로써 더 높은 깨달음에 도달할 수 있다.

마음이 하나에 집중되면 뇌과학적 측면에서 언어적 개념과 사고의 분별에 열려 있는 좌뇌의 활동보다 통합적으로 직관력을 열 수 있는 우뇌의 활동이 활성화한다. 그와 동시에 뇌파는 불규칙한 베타파(β)에서 균형이 잡힌 빠른 알파파(α)로 변화되면서, 노르아드레날린 신경물질과 도파민 신경물질에 대한 제어가 강해지면서(스트레스와 불안이 감소되고) 세로토닌 신경물질이 활성화되면서 양질의 엔돌핀이 나온다(有田秀穗 & 玄侑宗久, ZEN TO NON, 2005).

집중 명상을 할 때 하나의 대상에 집중하다 보면, 잡념이 떠오르지 않게 된다. 그러나 집중 초기에는 일어나는 생각이 많아지고, 그 생각을 쫓아가다 보면 생각이 산처럼 부풀어지게 되기 때문에 결코 명상이 될 수 없다. 그러나 점차 수행이 깊어지면, 머릿속에 하나의 대상에 거리를 두고 지켜보는 힘이 생겨나게 되면, 명상은 점차 깊이 있게 삼매로 나아가게 된다.

지(止, samatha) 명상

- 어원은 '√sam(고요해지다)'에서 기원함.
- 사마타(samatha, 삼매에 들게 함)
- 번뇌가 멈추어진 고요한 상태
- 8정도 수행에서 8번째에 해당한다.
- 마음의 들뜸을 가라앉히기 위한 수행이며, 고요한 마음을 유지함.
- 하나의 대상에 주의 집중하면 고요함은 평온하고 자애로운 마음이 솟아남.
- 뇌과학 측면에서 불규칙한 베타파(β)에서 균형이 잡힌 빠른 알파파(α)로 변화되고 노르아드레날린 신경물질과 도파민 신경물질에 대한 제어가 되며, 세로토닌 신경물질이 활성화되면서 양질의 엔돌핀이 생성된다.

사띠 명상

사띠(sati, 念, 알아차림 명상)는 마음 챙김으로 통용되고 있다. 지금 현재에 일어나는 외부 환경(예를 들면 자동차 소리)과 내면의 모든 자극(마음속에 떠오르는 생각)을 억제하거나 회피하지 않고, 비판단적으로 주의를 집중시키려고 노력하면서도 어느 특정 자극에만 집중하지 않는 명상법이다. 예컨대 호흡 또는 만트라에 정신을 집중하면서도 다른 자극에도 마음을 열어놓고 잠시 다른 자극이 들어오면 그것을 유연하게 알아차리고 주의를 기울였다가 다시 원래의 명상 대상에 정신을 모으는 방법이다.

들숨 날숨의 호흡에 집중할 때, 밖에서 자동차 소리가 들리면 '자동차 소리가 들리는구나!'라고 알아차리고, 마음속에서 다른 생각이 일어나면 '아! 이런 생각이 일어나는구나!'라고 충분히 수용하여 받아들이고 나서, 다시 명상의 대상에 집중하는 수행 방법이다.

이 방법은 초기 불교에서 말하는 '정념(samma sati, 8정도 수행 중 7번째)' 수행, 정념(正念)에 잘 나타나 있다. 글자 그대로 염(念: 지금 금今 자와 마음 심心 자)은 두 글자가 합친 '지금의 마음을 바로 알아차리는 사띠(sati: 어근은 √smrti에서 기억하다)'를 번역한 말로 영어로는 mindfulness(마음챙김), awareness(알아차림), bare attention(주의 집중)으로 번역한다.

'사띠(sati)'는 초기 불교 수행에서 중요한 부분이며, 사띠에 대한 수행은 위빠사나 통찰 수행과정에서 매우 중요하게 다루고 있다. 특히 『출입식념경(Ānapāna sati sutta)』에서, 그리고 470년경 안세고가 한문으로 번역한 『안반수의경(安般守意經: 안은 들숨, 반은 날숨, 수의는 숨을 쉬고 있을 때 일어나는 생각을 지켜본다. 수의는 sati의 번역)』

에서도 호흡을 알아차리는 것에 대해서 자세히 설명하고 있다.

이때 호흡법은 미얀마 마하시 국제수행센터에서 강조하듯이, 들숨과 날숨의 전 과정을 주의 집중하여 알아차림하고, 들숨 때 복부가 일어나고, 날숨 때 복부가 꺼져가는 것에 주의 집중하여 알아차림한다.

사띠의 알아차림(마음챙김)은 호흡 관찰뿐만 아니라 무의식적으로 일어나는 생각이나 감정들을 거리를 두고, 멈추어 서서, 객관적으로 있는 그대로 통찰할 수 있는 데 효과적이다. 붓다는 마음의 고요를 얻어 삼매를 터득한 후, 우리가 겪고 있는 고통의 원인을 낱낱이 통찰함으로써, 그 원인을 알아차릴 수가 있었고, 그것을 소멸하는 깨달음의 지혜를 얻게 되었다.

그 당시 많은 수행자들은 고통의 영원한 소멸은 인간의 영역이 아닌 신의 영역 즉 종교적 믿음으로 두었다. 그러나 붓다는 고통이 일어나는 원인을 끝까지 통찰하면서, 있는 것을 있는 그대로 알아차림 즉 사띠를 바탕으로, 독특한 수행 방식인 위빠사나 명상 수행을 정립하였다.

경전에서 밝히고 있는 호흡 명상의 지침을 살펴보면, 숨을 길게 하거나 짧게 하고자 하는 의도 없이, 숨의 흐름을 있는 그대로, 온몸으로 나아가는 과정을 잃어버리지 않고, 마음의 평온과 온전함을 유지하면서, 있는 것을 있는 그대로 통찰을 통해 극복하였다.

특히 사띠 명상은 몸과 마음의 이완(편안함)과 고요함, 그리고 집중력을 얻는 데 큰 효과가 있다. 이러한 결과에 대해서 최근 일부 서양 심리학자와 정신과 의사들은 몸과 마음의 증상에 대한 치유를 위해 사띠의 수행 방법을 적극적으로 도입하고 있다. 그 대표적인 학자는 존 카밧진으로 그의 저서로는 『스트레스 완화 프로그램 MBSR(1989)』을 들 수 있다. 또한 MBSR을 바탕으로 우울증 치료의 재발을 막는 데 크게 기여한 세갈(Z.V.Segal)은 『마음챙김명상에 기초한 인지치료 MBCT(2002)』를 저술하는 등 이 방면에 많은 학자가 있다.

이러한 연구 활동은 "티베트의 망명정부 지도자이며 세계인의 정신적 지도자인 달라이 라마(1935~), 베트남에서 망명하여 세계평화운동을 전개하는 명상운동가 틱낫한 스님(1926~2022)" 등의 영향력 덕분에 더욱 활기차게 전개되었다.

또 한 분 태국의 위빠사나 선사 아잔 차(Achan Chah 1918~1992) 스님은 태국 밀림의 오두막에서 7년간 위빠사나 수행을 통해 깨달음을 얻었으며, 수많은 사람들에게 수행법을 전파했다. "오로지 마음을 현재에 두려고 노력하십시오. 마음속에서 무엇이 올라오든 그저 지켜보고 놓아 버리십시오."(『아잔차 스님의 오두막』, Jack Kornfield and Paul Breiter 지음, 김윤 옮김, 침묵의 향기, 2013)라는 말씀을 강조하셨다.

사띠(sati, 念) 명상은 마음 챙김으로 통용되고 있으며, 초기 불교수행에 중요한 역할을 한다.
- 사띠(sati) 어근은 √smrti에서 기억하다는 뜻이 있다.
- 8정도 수행 중 7번째 수행 정념(正念)에 해당한다.
- 글자 그대로 염(念: 지금 금今 자와 마음 심心 자)은 두 글자가 합친 '지금의 마음을 바로 알아차린다'고 할 수 있다.
- 영어로는 mindfulness(마음챙김), awareness(알아차림), bare attention(주의 집중)으로 번역한다.
- 사띠는 지금 현재의 순간순간 몸의 감각이나 생각이 일어날 때, 일어나고 있는 것에 긴장하며 받아들이지 않고, 일어나고 있음을 알아차리고 잠시 멈추어 지켜본 후 수행을 지속한다.

사띠 명상: 『출입식념경(Ānapāna sati sutta)』 호흡 관찰
『대념처경』(Mahā satipaṭṭhāna sutta)』 신수심법(身受心法)에 의한 존재 통찰
사띠 명상: 과거나 미래에 얽매이지 않고 지금 이 순간 머묾, 무의식적·습관적·자동적 생각이나 행동을 멈춤, 주관적 생각에서 벗어나 객관적으로 볼 수 있는 공간을 확보, 지속적인 수행 태도 확보
스트레스 완화(존 카밧진의 MBSR 프로그램): 행동 통합 치유 활용
심리적·정신적 증상자들에 의한 치유를 위한 통합 프로그램 활용 등

위빠사나 명상

위빠사나 명상(vipassanā meditation, 觀)은 사띠 명상의 연장선에서 나타난 초기불교 수행의 핵심이다. 그 어원을 보면, 'vi(분리하다)+passanā(통찰하다).'의 뜻이 포함되어 있다. 일어나는 생각을 분리하여(거리를 두고 주관적 생각을 내려놓고 객관적으로 지켜봄), 있는 것을 있는 그대로 존재를 통찰할 수 있게 하는 수행법이다.

초기불교의 핵심 수행 방법으로서 모든 존재는 끝없이 변화하며(無常), 나라고 하는 실체가 없으며(無我), 고정되어 있지 않고 변화하므로 괴로울 수밖에 없다(一切皆苦)는 3법인(三法印)을 통찰한다. 즉 모든 존재는 변하고, 그렇기 때문에 괴로움이 생기고, 자신이라는 실체가 고정되어 있지 않다는 것을 확실히 통찰함으로써 괴로움을 수용하고, 자신에 얽매인 고정 관념을 내려놓아 생사로부터 자유로운 해탈 열반의 기쁨을 성취할 수 있다.

또한 위빠사나와 비슷한 용어로 따라가며 보는 법(anupassanā : 隨觀)도 있다. 여기서 anupassanā는 '일련의 변화과정에 놓인 사물을 지속적으로 따라가며 관찰한다.'는 의미가 있지만, 위빠사나는 유동적인 사물에 대응하여 지속적으로 따라가며 꿰뚫어 보는 것이라고 할 수 있다.

위빠사나 수행은 초기 불교의 독특한 수행 체계이며 현재 남방불교에서 그 전통이 이어지면서 전 세계적으로 널리 행해지고 있다.

vipassanā의 어원: vi 분리하다 + passanā는 통찰하다.
일어나는 생각을 분리하여(거리를 두고 주관적 생각을 내려놓고 객관적으로 지켜봄) 있는 것을 있는 그대로 존재를 통찰할 수 있게 하는 수행법이다.
붓다는 삼매에 머물면서 존재의 본성을 통찰하여 깨달음을 얻었다. 존재가 생하고 멸하는 인연생기적 법칙을 자각.

3법인(三法印): 붓다가 현재의 실체를 밝힘. 모든 존재는 끝없이 변화하며(無常), 나라고 하는 실체가 없으며(無我), 고정되어 있지 않고 변화하므로 괴로울 수밖에 없다(一切皆苦).

『대념처경』의 신·수·심·법 수행법으로 구체적으로 전해주고 있음.
- 몸의 구성의 낱낱, 몸이 허물어 졌을 때 보여주는 여러 모습.
- 몸의 감각으로 좋고, 싫고, 무감각적 무관심에서 자아가 일어남.
- 자아의 마음속에서 나타나는 여러 현상들, 마음속에서 일어나는 여러 현상의 원인 통찰.
- 깨달음을 얻고 난 후 결과 그리고 고집멸도 4성제로 되돌아와서 끝없는 수행 강조

명상의 바른 자세_ 몸의 자세

명상은 첫 번째로 몸의 자세를 바르게 하는 것이 중요하다. 몸의 긴장을 이완하면서 좌선이든 행선(보행)이든 척추를 바로 펴고, 머리를 바르게 세우고, 가슴을 펴고, 어깨를 밖으로 살짝 내밀고, 좌우 균형을 갖춘다. 서 있을 때도 머리와 상체 부분은 가볍게, 발뒤꿈치와 발바닥에 무게 중심을 두고서, 무릎은 약간 구부리며 선다. 의도적으로 몸의 균형을 유지하도록 알아차림을 자주 한다. 몸을 가지런히 결박함으로써 몸의 바른 상태를 견지하게 되고, 마음도 해이한 상태를 벗어나고, 동시에 안정감을 되찾을 수 있다.

몸은 마음을 담는 그릇이라고 한다. 몸의 구성 물질인 머리에서 몸통, 오장 육부의 장기, 팔과 다리 모두가 튼튼하게 제 역할을 잘할 수 있도록 수시로 돌볼 필요가 있다. 우리 몸은 20세 초반까지 성장하다가, 30세 초반부터 서서히 늙어 간다고 한다. 그러므로 건강을 최적의 상태로 늘 깨어 있게 하기 위해서는 일어날 때부터 잠자리에 들 때까지 각자의 몸 상태에 따라 적당한 이완이나 스트레칭, 요가 등으로 몸을 관리할 필요가 있다.

몸의 바른 자세와 건강을 위해, 한국식 오체투지(양 팔목과 양 무릎, 그리고 이마를 땅에 닿도록 하는 절), 또는 티베트의 오체투지도 권유하고 싶다. 본래 절을 하는 것은 존경하고 귀의하는 종교적 의식으로 행하는 것도 참 좋다. 그러나 절을 할 때 머리를 숙이고 땅에 닿을 때 몸을 최대한으로 결박하면서 호흡을 깊게 내쉬고, 일어설 때 호흡을 들이마신다. 무릎에 힘이 들어가지 않게 하고, 발바닥과 허벅지를 최대한 이용하여 일어선다. 절을 한 번 한 번 할 때마다 몸의 움직임을 주의 집중하면서 108배를 하는 것이 좋다.

몸의 바른 자세: 몸은 마음을 담는 그릇이다.

— 좌선이나 걷기 명상을 시작할 때, 몸을 긴장에서 푸는 이완 운동은 반드시 필요하다.(들숨 날숨 호흡에 주의 집중을 하면서, 척추를 바로 펴고, 머리를 바르게 세우고, 가슴을 펴고, 어깨를 밖으로 살짝 내밀고, 좌우 균형을 갖춘다.)

— 몸을 가지런히 결박하는 이유는 주의 집중의 강화에 도움을 주기 때문이다.

몸을 이완하는 요가 운동

— 요가(Yoga)는 묶음, 결합의 의미가 있다(몸과 마음을)

— 붓다 당시는 라자요가(Raja Yoga)

— 현재 몸의 유연성과 건강을 위해서는 하타요가(Hatha Yoga)

오체투지 절(양 팔목, 양 무릎, 그리고 이마를 땅에 닿도록 하는 절)

절을 할 때 몸의 동작에 하나하나 주의 집중을 하면서 한다. 호흡을 하면서, 특히 머리를 숙이고 머리가 땅에 닿을 때, 몸을 최대한 쪼그리고 결박하면서 날숨을 크게 하고, 일어날 때 호흡을 들이마시며 일어난다. 최대한 무릎의 힘을 약하게, 발바닥과 허벅지 힘으로 일어난다.

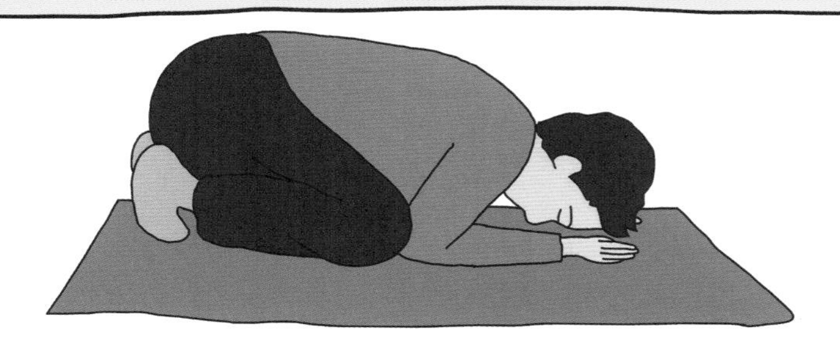

명상의 바른 자세_ 마음의 자세 1

일단 몸의 자세를 바르게 하고, 마음의 자세를 바르게 해야 한다. 먼저 마음의 안정을 위해 바른 호흡이 필수적이다. 생명의 기운인 들숨 날숨의 호흡에 주의를 기울이고, 그 흐름을 지금 이 순간 일어나고 있는 것을 지켜보고 알아차리는 데 집중하면, 명상의 기본 상태인 마음의 고요와 평정을 찾을 수가 있다.

명상의 시작은 이렇게 산란하게 떠다니는 의식을 한곳에 모으는 것에서 시작한다. 우리의 의식은 몸이 가지고 있는 6근(六根: 눈 · 귀 · 코 · 입 · 몸의 피부 · 의식)을 통해서, 6경(六境: 형상 · 소리 · 냄새 · 맛 · 피부 접촉 · 분별)을 상대하여 '자기'라는 것을 만들어 낸다. 의식이 일어나는 대로 가만히 두면, 6근에 따라서 의식이 분산되어 가지만, 분산되어 가는 의식인 생각을 어느 한 지점에 가만히 지켜보면, 의식이 한곳에 모이면서 분산된 의식이 한곳으로 집중되어 간다. 의식의 집중을 위한 최적의 한 방법은 코끝에 의식을 집중하여 들숨과 날숨에 주의를 모으면서 호흡에 집중하는 것을 생생하게 알아차리면, 오직 호흡 하나에 세밀히 미세하게 주의 집중하면 자신도 모르게 마음은 편안함과 고요함을 얻게 된다. 마음이 고요한 주의 집중의 삼매에 들어가고자 한다면, 몸 또한 긴장에서 벗어나 이완되고, 마음의 여유가 있어야 한다.

위와 같이 명상은 분산된 의식을 한곳으로 모으는 데서부터 시작된다. 그것은 바로 우리에게 소중한 마음의 보물, 본래부터 지니고 있는 평온하고 평안한 텅 빈 마음의 본성이 있기 때문이다.

마음의 고요와 평온: 의도적으로 주의 집중하며 들숨 날숨 호흡 알아차리고 지켜보는 것이 가장 쉽다.

산란한 마음이 일어나기 시작하는 곳: 우리의 의식은 몸이 가지고 있는 6근(六根: 눈・귀・코・입・몸의 피부・의식)을 통해서,
6경(六境: 형상・소리・냄새・맛・피부접촉・분별)을 상대하며 '자기'라는 것을 만들어 내기 때문이다.

명상의 시작은 분산된 의식을 한곳으로 모으는 데 있다.
우리에게는 누구나 소중한 보물을 가지고 있다.
보물인 마음 본성은 평온하고 평안한 텅 빈 마음이 있기 때문이다.

명상의 바른 자세_ 마음의 자세 2

마음은 때로는 진흙탕의 연못 물 같다가도, 때로는 진흙 속에 청초하게 핀 연꽃과 닮아있기도 한다. 우리 마음의 산란함의 시작은 어머니 태 속에서 세상에 나오면서부터, '처음으로 분리 불안의 고통'을 겪은 상처가 있을 수 있다. 그러나 갓난아기는 부모의 자애로운 보살핌에서 서서히 치유가 일어난다. 어린 2~4세 아기들이 깔깔대며 환하게 웃고, 차별과 편견 없이 그대로 받아들이는 모습은 본래 본성의 마음이 있기 때문이다.

아이가 점차 성장하면서 의식적 · 무의식적 상태에서, 세상을 바라보는 몸의 감각적 눈 · 귀 · 코 · 입 · 몸의 피부 감촉, 차별과 판단 그리고 의식의 저장인 마음(뇌)의 눈이 점점 몸 밖의 환경에 에너지를 쏟아붓는다. 이러한 과정에서 우리의 본래 본성은 외적 탐구의 욕구가 점차 커지면서 감각적 갈망을 충족하고자 몸은 긴장되고, 유연함도 사라지고, 내면의 자애로운 본성도 퇴색되어 간다. 명상은 황폐한 마음 밭에서부터 고통이 오고 있음을 알아차리고, 힘들지만 본래 본성의 마음 밭으로 되돌아가게 해 준다. 누구나 천진난만한 본성에 조금이라도 잠시라도 그 미묘한 맛을 볼 수 있다면 날마다 행복하게 살아갈 수 있는 확신을 가질 수 있다.

자신도 모르게 만든 욕구와 갈망이 고통과 불안의 구렁텅이로 빠져들게 만든다. 이러한 사실을 지켜보고 알아차림하는 것이 명상 수행의 시작이다. 또한 명상은 "내 안에서 잠자고 있는 나를 깨우는 것"에서부터 시작한다. 눈을 뜨고 있고, 귀와 코가 열려 있다고 해도 보이는 것, 들리는 소리에만 주의력이 가지 않도록 알아차림하고, 그저 흘려보낸다.

마음의 본성: 순수하고 영롱하며, 청순하고 자애롭고 순박하고, 티 없이 맑고 깨끗함을 지닌 순박한 어린이 같은 마음이 있다.
태초의 분리불안: 어머니의 태 속에서 벗어날 때 분리불안이 일어나지만, 자라면서 부모의 자애로운 보살핌으로 치유된다.

마음의 변화: 의식적 · 무의식적 상태에서 세상을 바라보는 몸의 감각적 눈과 귀, 코와 입, 몸의 피부 감촉, 차별과 판단 그리고 의식의 저장인 마음(뇌)의 눈은 점점 몸 밖의 환경에 온전히 에너지를 집중하는 습성을 알아차린다.

명상의 시작은 황폐한 마음 밭을 알아차리고, 본래 본성의 마음 밭으로 나아가기를 의도적으로 인도하면서 시작된다.

명상, 오직 고요한 본래 마음으로 깨어나기 ①

보이는 것, 들리는 것에 주의 집중하여 가만히 보고 듣고자 하는 깨어 있음이 일어날 때, "명상은 시작된다." 내가 나를 깨우는 것은 5감 내지 6근에서 부딪히는 감각적 접촉에 주의를 기울이고, 그것들이 일어나는 순간순간을 알아차림하고, '이런 것이 보이는구나! 들리는구나!'를 한순간 멈추어 객관적으로 지켜보고, 바라볼 수 있는 순간이 올 때, 홀연히, 나를 깨어나게 하는 명상이 시작된다.

한국의 옛 선방에서도 깨달음에 목말라 찾아오는 이에게 제일 먼저 주는 임무는 수행 방법이 아니라 밥을 짓는 일이었다. 지금 당장 먹고 마실 수 있는 것에 주의 집중해서 눈으로 보고, 냄새 맡고, 생각을 일으키는 것을 알아차리게 한다. 분석 비교가 아니라, 지금 이 순간 당장 몸의 감각에 집중해서 해야 할 일을 배운다. 옛날에 배우고 익히고 알았던 것을 내려놓는 것에서부터 수행이 시작된다.

"제발 아무것도 하지 말고, 그저 앉아 있기만 해라!(틱낫한 스님)", 숭산행원 스님은 "I do not only know(나는 단지 알고자 하는 것이 아니라, 모르고 있다는 것을 알 뿐이다.)"라고 하셨다. 달라이 라마는 "중생들의 번뇌를 없애는 방법은 존재의 실상을 바로 보게 되었을 때, 온갖 번뇌를 내려놓을 수 있다."라고 하였다. 존 카밧진은 "I have only moments to live(단지 이 순간에 사는 것이다)." 일본의 선불교 조동종 수행자들은 "지관타좌(只管打坐: 그저 앉아 있기만 하라)."라고 하였다.

명상은 지금 이 순간 스스로 맛볼 수 있는 행복(sukkha)을 가져다준다.

수행의 시작은 내가 나를 자각할 때 시작한다.

자각의 시작: – 자신이 지니고 있는 오감 내지 6근에서 부딪히는 감각적 접촉에 주의를 기울이고, 그것들이 일어나는 순간순간을 알아차림 한다.
– '이런 것이 보이는구나! 들리는구나!'를 한순간 멈추어 객관적으로 지켜보고, 바라볼 때이다.

한국 선방의 행자 실습: – 행자 이전의 이력을 무시하고, 몸의 감각에 주의 집중하며 밥을 짓고 나눔을 시작. – 과거에 배우고 익혔던 것에서 벗어나서 본래 본성을 찾는 데 주목.

숭산행원 스님: I do not only know(나는 단지 알고자 하는 것이 아니라, 모르고 있다는 것을 알 뿐이다!)
틱낫한 스님: 제발 아무것도 하지 말고, 그저 앉아 있기만 해라!
일본의 조동종: 지관타좌(只管打坐: 그저 앉아 있기만 하라.)
달라이 라마 존자: 존재의 실상을 바로 보게 되었을 때, 온갖 번뇌를 내려놓을 수 있다.

존 카밧진: I have only moments to live
(단지 이 순간에 사는 것이다).

명상, 오직 고요한 본래 마음으로 깨어나기 ②

위빠사나 명상을 체계적으로 지도한 고엔카(Satya Narayan Goenka)는 『자유에 이르는 삶의 기술 위빠사나 명상(Vipassana Meditation)』에서 "처음 이 명상법을 배웠을 때 저는 마치 사방이 꽉 막힌 미로에서 헤매고 있다가 마침내 지름길을 걸어왔고, 매 걸음을 걸을 때마다 그 목표지점이 분명해졌습니다. 그것은 모든 고통으로부터 자유, 완전한 깨달음입니다."라고 술회하면서, "이론적 이해가 아닌 실제적 체험을 통해서 가능합니다."라고 강조했다.

고엔카 명상센터에서 10일간 수행체험을 통해, 명상 수행을 꾸준히 하고 있는 역사학자 유발 하라리(Yuval Noah Harari)는 수행의 계기에 대해 『21세기를 위한 21가지 제언(전병근 역, 김영사 2018)』 중 21 명상에서 이렇게 솔직하게 표현했다.

"수많은 철학책을 읽고 숱한 철학적 토론을 벌였다. 하지만 그런 활동은 끝없는 지적 즐거움은 주었을지언정 진정한 통찰은 거의 주지 않았다. 너무나 답답했다. 학문 세계는 내게 지금까지 인간이 만든 모든 신화를 해체하는 도구를 제공했지만, 인생의 큰 질문에 대한 만족스러운 답을 주지는 않았다."

미국의 방송인 '오프라 윈프리(Oprah Winfrey)'는 타임지 명상 이야기에서 "머릿속에서 끊임없이 재잘대는 말소리들이 나 자신이 말하는 것이라고 믿고 살았죠. '이 일은 반드시 해야 되.' '나는 잘할 수 있는 사람이야.' '저렇게 하면 얼마나 좋을까?' 이런 생각들과는 다른 차원의 존재 방식이 있다는 것을 알게 된 것은 마음이 충분히 고요해지면서 얻은 깨달음이었어요."라고 했다.

고엔카(Goenka): 깨달은 자는 모든 이론을 버린다. 물질적 실제, 지각의 실제, 그것들이 어떻게 일어나고 사라지는지를 보았기 때문이다.

유발 하라리(Yuval Noah Harari): 내게 세상은 아무런 의미가 없었고, 인생에 관한 큰 질문에도 답을 얻지 못했다. 부수적인 취미로 수많은 철학책을 읽고 숱한 철학적 토론을 벌였다. 하지만 그런 활동은 끝없는 지적 즐거움은 주었을지언정 진정한 통찰은 거의 주지 않았다.

미국의 방송인 오프라 윈프리(Oprah Winfrey): 머릿속에서 끊임없이 재잘대는 말소리들이 나 자신이 말하는 것이라고 믿고 살았죠.

명상은 이런 생각들과는 다른 차원의 존재 방식이 있다는 것을 알게 해 줌. 이러한 것을 알게 된 것은 마음이 충분히 고요해지면서 얻은 깨달음이라고 함.

제3장

붓다가 깨달은 명상의 기본 원리

존재가 겪는 고통의 치유와 그것으로부터의 해탈

고통은 어디에서부터 출발하고 있는가?

한 나라의 태자로 태어나 인간이 욕망하는 부귀영화를 갖고 있던 붓다가 그 모든 것을 버리고 출가 수행한 그 출발은 무엇일까? 어릴 적부터 깊이 사유하던 붓다는 고통이 누구에게나 다가오고 있음을 알았고, 그 괴로움에서 벗어나 대자유를 찾아, 해탈하여 고통 없이 영원한 행복의 길을 찾아 길을 떠난 것이다.

붓다는 『팔상록』에서, 부왕인 정반왕에게, "아바마마! 생사의 고통스러운 증상을 건널 수 있는 길을 가르쳐 준다면 아바마마의 뜻대로, 아바마마의 뒤를 이어 왕이 되겠습니다. 그렇지 않기 때문에, 수행을 통해 생사와 같은 고통의 연속된 증상의 길에서 영원히 자유로울 수 있는 해탈의 길을 반드시 찾아오겠습니다."라고 하였다.

붓다의 수행 동기는 고통의 증상에 눈뜨고 치유의 길을 통해 완전한 해탈의 자유를 얻는 데 있었다. 이 말을 중국 한자로 전한 짤막한 한마디가 '이고득락(離苦得樂)'이다. 즉 붓다의 가르침의 목적은 고통을 버리고 기쁨을 얻는 것에 있다.

붓다는 수행을 시작하면서 누구보다도 처절한 고행을 체험했지만, 오래전부터 전해오던 고행 수행을 통해서는 고통의 증상에서 완전하게 자유로울 수 없다는 것을 통감하였다. 붓다는 고행으로 육신을 버릴 지경에 이르렀다. "그때, 우유 짜는 수자따 소녀가 금방이라도 굶어 죽을 것 같은 수행자를 보고서 갖고 있던 유미죽을 건네니, 싯달타는 그것을 받아먹었다."고 한다. 수행자 싯달타는 허약한 몸의 체력을 보강한 후 인근에 있는 큰 보리수 나무

아래서 고행과 쾌락을 넘어 중도 수행을 시작했다.

"붓다는 21일간 마음의 산란함을 멈추고, 오직 평온한 삼매의 상태에 몰입하던 수행에서, 직관적 지혜가 열리면서, 아침에 영롱하게 떠오르는 샛별을 기연해서 모든 존재들에게 다가가는 고통의 근원적 원리를 깨달았다."고 전한다. (기연이란 골똘하게 수행하던 중, 우연하게 마주친 인연)

붓다의 최초의 깨달음이며, 가르침인 4성제(四聖諦, four noble truth)는 불교 수행 과정을 한마디로 잘 표현하고 있다. 고집멸도(苦集滅道) 즉 모든 존재에게는 괴로움을 겪는 고통이 있다(병의 증상). 그 괴로움은 집착(集着) 즉 욕망과 갈망에 의해 생겨난 어리석음(無明)에 그 원인이 있기 때문이며(병이 생긴 원인), 집착하는 어리석음에서 벗어나는 수행(구체적 치료 시술 및 처방), 즉 여덟 가지 바른 도[八正道]를 가르쳤다. 마지막으로 고통으로부터 자유로움으로 나아가는 열반(涅槃) 즉 치료 후 예후로써, 건강한 상태 즉 해탈을 제안한다.

존재 생성의 순환 원리

붓다는 지금 현재의 상태에서 주의 집중의 깊은 명상 상태에 몰두하여 고요하고 밝은 마음으로 존재의 실상을 직관적으로 바라볼 수 있었다.

"아하, 세상의 모든 존재는, 이것이 있기에, 저것이 생기며, 저것이 없다면 이것 또한 없구나!"(연기적 통찰)

"모든 것에는 반드시 일어날 수 있는 원인이 있으며, 그 원인에 영향을 미칠 여러 조건들에 의해서 새로운 결과가 반드시 일어나는 것이로구나!"

(인간 또한 각자가 태어나고 자라지만, 아버지가 갖고 있는 DNA와 어머니가 가지고 있는 DNA의 구성 조건에 따라, 형제들이 한 부모 밑에서 태어날지라도 출발부터 다르고 차이점이 있다는 사실을 우리는 종종 잊고서 바라본다.)

"모든 존재 형성은 조건에 따라서 끊임없이 변할 수밖에 없구나! 또한 모든 존재는 영원히 고정불변한 것이 없으며, 또한 이것이라고 할 만한 실체 또한 없구나! 끝없이 변하고, 실체가 없기에 존재 자체가 영원하기를 바라는 어리석은 집착 때문에 괴로움이 생기게 마련이구나! 이 사실은 내가 알기 이전에 이미 있었지만, 이것을 회피하거나 방어하기 때문에 모든 이들은 쉽게 받아들이지 못했을 뿐이다. 이젠 이 사실을 있는 그대로 알았기 때문에 더 이상 괴로움의 얽매임에서 벗어나 자유로울 수가 있구나!"

모든 존재가 고통을 받는 첫 번째 증상은 이러한 기본적 존재 사실을 알지 못하기 때문이다. 즉 바르게 있는 그대로 통찰하지 못하는 무명(avijja) 때문에 존재의 본성을 고요하고 평온한 마음 상태에서 찾아보지 않고, 외부에서 무엇인가 찾고자 동분서주하는 지혜롭지 못한 행동에서 고통의 증상만 키우고 있다.

〔12연기 원리에서 첫 번째 무명(無明)에서 행(行)으로 이어지고〕, 두 번째 원인은 우리의 몸에 지니고 있는 6근(眼·耳·鼻·舌·身·意)에서 6경을 만나는 애착적 본능에 의해 사실을 왜곡하는 오류를 범하고 있기 때문에 고통의 증상은 끊임없이 이어진다고 보았다.

붓다 수행의 출발

고통은 누구에게나 다가오고 있음을 알았고, 그 괴로움으로부터 자유로울 수 있는 길을 찾는 데 있었다. "불설(佛說) 이고득락(離苦得樂)."

- 고행을 벗어나 중도 수행 시작. 평온한 마음 상태에서 존재가 어디에서부터 출발하고 있는지에 대한 통찰.
- 고통에서 벗어나는 법칙: 고집멸도 4성제의 원리를 직관적 지혜를 통해 깨달음에 오름.
- 모든 존재의 구성은 반드시 그 원인이 있고, 그 원인에 여러 조건이 결합하여 나타나고 있음을 자각.
- 고통이 일어나는 원인을 낱낱이 끝까지 추적하며 해체하고 분석한 결과로 확인함.
- 고통의 원인은 외적·절대적 어떤 힘에 의해서 일어남이 아니라 스스로의 어리석음을 통찰하지 못한 욕구의 집착에서 일어나고 있음을 깨달음.

12연기

무명(無明: 어리석음)–행(行: 무조건적 행동)–식(識: 무조건적 행동에 의한 감각적 인식)–명색(名色: 이름과 형상으로 나타남)–6입(六入: 6가지 몸의 감각)–촉(觸: 감각적 접촉)–수(受: 좋다, 좋지 않다, 좋지도 나쁘지도 않다는 무관심–아의 상이 나타남<프로이트의 에고와 같은 것>)–애(愛, 애착/집착의 원인)–취(取: 얻고자 하는 강한 의도)–유(有: 새로운 생성의 운동력)–생(生: 생성 됨)–노사(老死: 늙고 병들고 사라짐)

고통의 흐름을 연기에서 찾다 ①

고통의 시작은 어디에서 시작하는가? 고통을 벗어나는 길은 없을까?

이 문제의 해결이 붓다의 최초 수행 과제였으며, 마침내 6년 수행 후, 보리수 나무 아래에서 그 문제를 해결하는 깨달음의 법칙을 발견했다.

"이 세상의 모든 존재의 실체는 인연 생기(태초에 그것이 태동할 원인이 반드시 있다. 그 원인인 그 씨앗은 여러 가지 조건들이 만나고 결합하여 새로운 부분이 첨가된 상태로 연속적으로 되풀이하여 일어난다. 약해서 연기법이라 한다.)"의 사실을 발견하였다.

붓다께서 깨달음을 회고한 글에서 "모든 존재는 홀로 존재하는 것이 아니라 반드시 어떤 원인에 의해서 그 결과로 존재한다."고 하셨다.

인간이 갖고 있는 괴로움도 그 예외가 될 수 없다. 사물이든 심리적인 것이든 반드시 조건에 의해서 형성되고 변화하고 사라지며 서로 의지하여 일어난다는 상의상생(相依相生)의 법칙을 말한다.

붓다께서는 『장아함경』에 "당신은 무엇을 깨달았는가? 나는 연기법을 깨달았다."라고 하셨다. 고요한 선정을 통해 존재의 생멸을 통찰함으로써 "고는 집착에 의해서 일어남을 알고, 그 집착에서 벗어나기 위한 8정도를 수행함으로써 더 이상 번뇌의 불길은 사라진다."는 '고집멸도 사성제', 곧 수행 로드맵이 공식화되었다. 이 법칙에 의한 수행의 결과 초선(初禪), 2선(二禪), 3선, 4선으로 이어져 마지막으로 해탈의 즐거움을 증득할 수 있다.

붓다의 연기설은 인생 고뇌〔老 · 死 · 憂 · 悲 · 苦惱〕의 조건화된 과정, 즉 지각과 감정과 의지의 과정들을 규명하고 그 원인을 분석하는 데서부터 출발한다.

존재의 본성: 모든 존재는 홀로 존재함이 아니라 반드시 어떤 원인에 의해서 그 결과로 존재한다. 사물이든 심리적인 것이든 반드시 조건에 의해서 형성되고 변화하고 사라지며 서로 의지하여 일어난다(상의상생相依相生)의 법칙을 말한다.

선정을 통해 존재의 생멸을 통찰: 고집멸도 사성제로 수행 로드맵이 공식화 하였다.

연기설은 인생 고뇌(老·死·憂·悲·苦惱)의 조건화된 과정, 즉 지각과 감정과 의지의 과정들을 규명하고 그 원인을 분석하는 데서부터 출발한다.

붓다의 명상: 존재가 일어나고 사라지는 과정은 늘 지속될 수 있지만, 다만 붓다는 그 과정의 실상을 자각하며 그것으로부터 자유로울 수가 있었다.

고통의 흐름을 연기에서 찾다 ②

붓다는 인간 존재의 고통을 분명하게 바라볼 수 있는 새로운 접근 방식인 연기적 통찰 방식을 수행 체계로 확립시켰다. 즉 모든 고통은 절대적인 것이 아니고 연기되어 있으므로 그 조건과 원인을 있는 그대로 알아차리고 수용하여 내려놓음으로써 고통이 극복될 수 있다. 우리가 존재의 실상을 지켜보거나 알고자 하지 않으면, 고통의 증상들은 외부의 환경이나 세계로부터 오게 된다고 보고, 자신의 내적 의식에 의해서 일어나는 것이 아니라고 보기 때문에, 존재의 현상을 있는 그대로, 객관적으로 바라보지 못한다.

정신과 의사인 마크 엡스타인(Mark Epstein)은 『생각하는 사람은 없으나 생각은 있다』라는 글에서 다음과 같이 말했다.

"붓다는 자아도취적 모든 욕망을 공격으로부터 도피함으로써가 아니라 보호가 필요한 자기(self)에 대한 확신을 뿌리째 뽑음으로써 극복할 수 있다고 선언했다. 불교의 명상은 자기에 대한 의심에서 시작하여, 의심에서 도피하는 것이 아니라 의심 속으로 들어가는 것이라고 가르친다. 불안이나 죽음의 고통에 빠져 허우적대는 것이 아니라 의심 속으로 들어가라고 가르친다."

현대과학에서 밝히듯이 인간은 정자와 난자가 만나서 세포 분열을 통해 엄마의 자궁에서 자라나고 태어난다. 엄마와 아빠의 DNA를 물려받아 몸과 성격이 닮아간다. 몸은 6가지 감각기관과 장기들, 그리고 각종 인식과 기억을 담당하는 뇌 안의 여러 물질로 구성되어 있다. 위빠사나 통찰 명상의 소의 경전인 『대념처경(大念處經)』에서 몸의 구조적 분석이 나오는데, 뒷장에서 살펴보고자 한다.

연기적 통찰 명상: 고통이 있음을 분명하게 직면하고 통찰하는 수행 체계를 세웠다. 고통은 절대적인 것이 아니라 수행을 통해 극복할 수 있다는 사실을 확인

외부에서 오는 것이 아니라 자신의 내적 의식을 있는 그대로 통찰하며, 왜곡된 의식을 바로 알아차리는 데 있다.

현대과학에서 볼 수 있듯이, 아빠의 정자와 엄마의 난자가 만나서, 세포 분열을 통해서, 몸의 구조가 하나씩 엄마의 자궁 속에서 성장하며 자란다. 몸과 의식은 외부 신체의 감각기관, 몸 내부의 장기들, 그리고 뇌 속에 있는 신경계와 신경 물질과 각종 인식과 기억을 담당하는 여러 물질로 구성되어 있다.

붓다 명상의 진수, 3법인과 4성제

"붓다는 몸의 기관들의 활동을 낱낱이 살펴보면서, 감각기관의 욕구 본능에 의해 자기 자신은 소외당하고, 본래 본성을 잃어버렸다는 사실을 확연하게 알았다. 우리 인간이 왜곡하고 오류를 범하고 있는 사실을 해결하기 위해서는 감각 기관에 끌려가지 않고, 즉 생각하지 않고, 그 상태에 들어가는 것(not-knowing), 고통의 근원에서 도피하려는 것이 아니라 의심 속으로 들어가는 명상법을 제시했다." 『붓다의 정신분석학자 Mark Epstein, 1995』

따라서 생성된 모든 존재에 대한 속성을 온전하게 바로 통찰했을 때, 우리는 모든 형성된 존재들이 끝없이 변화가 일어난다는 사실을 알게 되었다(無常: 변하지 않고 영원하게 머무는 것은 없다). 또 만들어진 모든 것들은 반드시 조건이 다하는 순간, 그 존재 자체는 허물어져 뿔뿔이 흩어질 수밖에 없다(無我: 존재하는 자아의 실체는 없다. 대승불교의 입장에서 모든 근원적 실체는 없다. 즉 空하기 때문에 불생불멸하고 부증불감하므로 버리고 비워야 한다)는 사실을 회피한다. 영원히 머물 수 없고, 자아의 실체가 없기 때문에 불안한 존재이므로 괴로움이 있을 수밖에 없다(一切皆苦).

불교 명상에서 가장 근원적인 발견, 3법인(三法印)의 원리도 연기법에 가장 잘 나타나고 있다. 3법인은 일어나고 머무는 존재는 무상하다. 나라고 하는 존재의 실체는 없다. 그러므로 영원을 추구하는 모든 존재는 끝없이 변화하며, 그 실체라고 하는 것은 없기 때문에 괴로움이 있다는 것이다.

붓다의 명상은 깨달음을 얻은 후 최초의 가르침에 그 진수가 간명하면서 소박하게 잘 나타나 있다. 붓다는 최초로 깨달음을 전해주고 싶은 인연 있는 이를 찾던 중, 함께 수행하였지만, 고행을 버렸다는 이유로 붓다를 떠났던 5명의 수행자에게 고통의 증상에서 벗어날 수 있는 분명한 원리와 실천이 가능한 수행법을 전해주고자 깨달음의 장소인 인도의 북부 부다가야에서 멀리 떨어진 남쪽 바라나시로 몸소 걸어서 갔다.

붓다의 깨달음은 고통이 일어나게 된 그 동기와 조건들을 명쾌하게 알아차리는 것에서 출발하였다.

모든 고통의 증상은 이유 없이 그 어떤 힘에 의해서 일어나게 된 것이 아니라, 반드시 그 어떤 원인에 의해서 만들어지며, 그 원인을 통찰하지 못하는 무지한 오류에 의한 욕구의 집착이 있기 때문이다. 그러므로 무지한 집착으로부터 인연된 그 원인을 분명하게 알아차린다면, 그것을 치유하는 수행법을 확고하게 실천한다면, 반드시 그 증상은 소멸하여 고통의 증상에서 완전하게 벗어날 수 있다고 보았다.

이 원리는 성스러운 진리, 고집멸도(苦集滅道) 4성제의 원리를 최초로 가르쳐 주었다. 고통의 증상은 잘 못 알고 있는 오류인 탐욕에서 생기며, 그것의 오류를 바르게 치유할 수 있는 수행법인 8정도(八正道)의 길을 제시했다. 8정도를 올바르게 수행한다면, 더 이상의 고통의 증상에서 온전히 자유로울 수 있는 해탈 열반을 증득할 수 있다는 원리를 가르쳐 준다.

붓다께서 제시한 이 길은 2600년 전 인도에서 여러 수행자들이 가르쳤던 유일신과 범신을 숭배하는 차원을 넘어선 자연적으로 있는 그대로의 이치를 밝힌 가르침이다. 붓다는 "내가 지금 설한 이 가르침은 내가 가르치기 이전에 이미 있었다. 다만 우리가 알지 못했을 뿐이다."

오직 자기 자신의 존재를 자기 자신만이 직접 통찰하고 체험함으로써 얻어질 수 있는 길이다.

붓다는 깨달음을 얻은 후, 7주 동안 그 원리가 모든 존재에게 통용될 수 있는 것인지 증명하였다고 한다. 이 가르침은 모든 사람이 고통의 증상을 충족하고자 끝없이 갈망하고 집착하는 것과는 그 반대의 길, 역행하는 가르침이기 때문에 붓다는 가르침을 전해야 할지 머뭇거렸다고 한다.

4성제는 4가지 고귀한 진리이다(The fourth noble truth). 이것은 논리적으로 잘 짜여진 가르침이다. 고통이 일어나게 된 결과는 그만한 원인인 집착이 있기 때문이며, 그 원인이 없다면 그 고통은 더 이상 없다.

여기서 중요한 것은 그 고통을 치유하는 방법인 8가지 바른 길을 수행해야 한다는 것이다. 더 중요한 발견은 누구에게나 불만족의 고통이 있다는 사실이다. 존재의 근원적 고통인 생로병사와 싫어하는 것과 만나는 고통, 좋아하는 것과 헤어지는 고통, 바라는 것을 얻지 못하는 고통, 신체적 · 정신적 5가지 요소〔五取蘊〕에 대해 바르게 알지 못한 무지에 의해서 일어나는 여러 가지 고통이 우리 가까이에 존재하고 있다는 사실이다. 우리는 붓다의 가르침과 명상을 통해 우리에게 부지불식간에 일어나는 고통을 회피하거나 억압하고자 하는 것에서 끝없이 고통이 일어난다는 것을 알게 되었다.

우리 자신이 자기 존재에 소외되는 것은 감각기관의 욕구 본능에 의해서 만들어진다. 붓다의 치유 명상은 자기의 감각기관에 주의와 자각을 통해서 일어나고 소멸하는 사실을 알았다.

붓다의 명상: 고통의 근원에서 도피하려는 것이 아니라 의식 속으로 들어가서 탐구하고 통찰하는 것이다.(Mark Epstein)

명상을 통해 알 수 있는 가장 근원적 지혜: 세 가지 변함없는 가르침 즉 3법인(三法印)은 제행무상(諸行無常)・제법무아(諸法無我)・일체개고(一切皆苦)이다.

고귀한 진리의 가르침: 고집멸도(苦集滅道) 4성제(四聖諦)는 현대 과학적으로도 잘 분석하고 질서 정연한 논리를 갖고 있다. 모든 결과는 반드시 그 원인이 있다. 연기적 원리에서 모든 존재는 외형적으로나 내적으로 분명한 차이가 있을 수밖에 없다는 것을 인정한다.

고통의 원인: 잘 못 알고 있는 오류인 탐욕에서 출발

붓다가 깨달은 가르침 주저한 이유: 세상 사람들은 욕구를 충족하고자 모으는 것에 온갖 힘을 바치지만, 붓다의 깨달음은 고통에서 벗어날 수 있는 것은 가지고자 하는 집착이 아니라 그 반대 방향으로 버리고 비워야 할 지혜를 가르쳐야 하기 때문이었다.

고성제, 괴로운 실상을 낱낱이 설파하다

붓다는 어린 시절 까삘라성 성주인 아버지 정반왕(숫도다나왕)의 극진한 돌봄을 받고 화려한 별장에서 즐거운 나날을 보냈다고 한다. 어느 날 말을 타고 동서남북 4대문으로 마을 구경을 하게 되었다.

붓다는 동문에서 남루하게 차려입은 노인들의 무리를, 서문에서는 몸이 아파서 괴로워하는 병든 환자의 무리를, 남문에서는 죽은 이를 장례하는 행렬의 모습에서 이별의 울부짖는 고통의 광경이 마치 자신에게 다가오는 모습으로 보여졌다고 한다. 네 번째 날 북문을 나설 때 비록 옷차림새는 남루하지만 당당하게 걸어가는 빛나는 눈동자를 가진 수행자의 모습을 보고는 고통을 벗어나는 길을 찾아 나서야겠다는 마음을 다졌다고 한다.

붓다는 우리가 피하고 도망가고 싶지만 고통을 만날 수밖에 없다는 사실을 인식하고 고통을 해결할 방법을 찾아 나선 것이다. 다시 말해 붓다의 명상은 고통 해결 방법에 주의를 가지고, 직접적 원인을 찾고자 하는 통찰적 결단을 가지고 명상을 함으로써 고통 해결의 실마리를 찾았다.

우리가 살아가면서 어느 날 갑자기 찾아온 괴로움과 불만족이 생각이나 공상이 아니라, 실제로 자기 앞에 맞닥뜨려 와 있을 때는 처절한 고통이 느껴질 수 있다. 붓다가 제자들과 함께 명상을 하고 있을 때, 외아들을 잃은 고따미의 울부짖는 모습에서, "고따미여! 생이 있는 이는 죽음이 있게 마련이다! 다만 길고 짧을 뿐이다. 우리는 누구든지 고통과 불만족을 생생하게 직접적으로 부딪혀 본 경험에 의해서 그것의 실상을 생생하게 깨달을 수가 있다."고 하셨다.

누구에게나 고통은 언제 어디서나 다가올 수 있다는 사실을 확인시켜 주고 있다.

8고(八苦; 근원적인 것(신체의 변화) – 생로병사, 심리적인 것 – 얻고자 하는 것 다 얻지 못하는 것, 사랑하는 사람과의 이별, 미운 사람과의 만남, 신체적·정신적인 것의 끝없는 변화 속에서 일어남.

–고통을 회피하거나 억압하지 않고 일어나는 근원적 원인을 주의 깊게 찾아보면 분명하게 해결할 수 있다는 것을 보여줌.

–먼 곳에서 찾을 것이 아니라, 가장 가까운 자신의 존재를 객관적으로 낱낱이 통찰할 것을 상기시킴.

집성제, 고통의 원인을 보여주다

붓다는 우리 모두에게 고통의 근원이 깃들어 있다는 사실을 직면했을 때, 그것의 근본적 원인을 찾고자 하였다. 그것은 전통적으로 우리의 신체의 감각인 6근(六根)에 대응하는 쾌락적 욕망에 의해서 집착한다고 보았으며, 또 다른 한편으로는 변화하지 않고 고정되어 있기를(생로병사가 없기를) 갈망하는 것이다.

붓다는 갈망하던 것을 이루지 못할 때 나타나는 미움과 원망을 괴로움의 원인인 집착으로 보았다. 『대념처경』에서는 갈애(渴愛: 범부들이 목마름에 애착하는 집착)와 사견(邪見: 요사스럽고 바르지 못한 견해)을 경계했다.

심리학자 프로이트는 자아 성장을 강조하고 있지만, 붓다는 자신의 팽창이나 축소인 자기의 존재 모습을 "4가지 상인 아상(我相)·인상(人相)·중생상(衆生相)·수자상(壽者相)"을 가지고서 자신을 내세운다면 바른 자기를 보지 못한다고 『금강경』에서 경계한다.

영원할 것이라는 이기적 자아상, 자기 자신이 스스로 구렁텅이에 몰아넣고 있다는 어리석음을 깨우치지 못한다면 욕구와 욕망의 불길은 영원히 멈출 수가 없을 것이다.

자신의 오류에 의해서 어리석음에 빠진 이들은 자기 자신에게 무엇인가 문제가 없는지를 멈추어 되돌아보거나 숙고해 보지 않고, 외적 환경으로부터 생겨났다고 원망하거나 미워하게 된다. 이러한 습성은 무의식적으로, 자동적으로 나아가게 됨으로써 수많은 상상을 만들면서 온갖 번뇌를 만들어내고 왜곡하고 집착하게 된다.

– 고통의 원인은 자신의 신체에 접촉하는 감각적 욕망에서 시작, 자기중심적인 인식은 있는 그대로의 존재를 왜곡하며 오류를 범한다.
– 붓다는 쾌락적인 경험의 부정을 권고하는 것이 아니라 그것에 집착함으로써 궁극적인 진리에 다가가기 힘들다는 것을 경계한다.

『금강반야바라밀다경』에서 "설사 모든 중생을 구제하여 주었다고 하여도, (어떤 의도를 가지고 행한다면, 아상・인상・중생상・수자상을 가지기 때문에 진정한 보살이 아니다."라고 하였듯이, 자기중심적 인식은 집착을 일으키는 근원적 원인이라고 보았다.
*현대 심리분석의 창시자 프로이트가 강조한 에고(ego)와는 분명하게 그 성격이 다르다.

"욕구와 욕망을 가지고서 자신의 정체성을 주장한다면, 집착의 불길은 영원히 멈출 수가 없다."고 강조

집 착

멸성제, 고통의 불길이 사라지다

멸성제는 욕구와 욕망에 의해 타오르는 번뇌의 불길을 꺼버린 상태를 말한다. 멸은 빨리어로 닙바나(nibbana)이다. 음사해서 열반(소멸)이라고 하며, 괴로움으로부터 자유로움, 궁극적 실상, 조건 지워지지 않음이라고 번역한다. 붓다는 깨달음을 얻은 후 『법구경』에서

내 헛되이 수많은 생명을 헤맸어라.
이 집 짓는 이 찾아 실제로 괴로워 거듭된 생
오! 집 짓는 자여! 그대 이제 보였나니 다시는 그대 집 짓지 못하리.
서까래 모두 내던졌으니 대들보는 무너졌으니.
내 마음 열반에 이르러 갈망은 모두 꺼졌어라!

붓다는 쾌락의 갈망을 철저히 자각함으로써 태어남과 죽음의 얽매임에서 자유로워졌다고 노래했다. 대승경전 『금강반야바라밀다경』에서도, "모든 법이 있다고 하는 것은 인연 따라 화합한 것이어서 꿈과 같고, 환상과 같으며, 물거품과 그림자 같고, 아침 이슬과 같고, 번갯불과 같으니, 모든 실체의 본성은 이와 같음을 통찰해야 한다."고 했다.

모든 실체의 본성은 텅 비어 있을 뿐, 인연에 따라 나타날 뿐, 인연이 다하면 그 실체가 없기에 본래의 자리도 아니지만 말하여 본래 자리로 돌아간다고 강조한다. 본성이 텅 비어 있는데, 무슨 번뇌의 불길이 있다고 하는가? 있다고 하는 의도를 내려놓을 뿐, 마음을 내려놓고 비울 뿐.

멸성제는 열반(nibbana), 존재의 실체를 자각한 후 얻음.
번뇌의 불길을 끄다. 소멸이라고 하며, 괴로움으로부터 자유로움, 궁극적 실상, 조건 지어지지 않음을 말한다.
『법구경』에서, "오! 집 짓는 자여! 그대 이제 보였나니 다시는 그대 집 짓지 못하리. 서까래 모두 내던졌으니 대들보는 무너졌으니. 내 마음 열반에 이르러 갈망은 모두 꺼졌어라!"

윤회의 연속은 스스로 쾌락의 갈망에 얽매임이며, 해탈은 쾌락적 갈망의 허구성을 자각하며 그것을 지켜보고 내려놓을 수 있는 실질적인 체험

본성은 텅 비어 있는데, 무슨 번뇌의 불길이 있다고 하는가?
있다고 하는 의도를 내려놓을 뿐이기에, 마음을 내려놓고 비울 뿐!
– 오직 있는 것을 있는 그대로 볼 뿐!

도성제, 고통에서 자유로울 수 있는 길

붓다는 고통을 건너 번뇌의 불길을 뿌리째 소멸시킴으로써 괴로움을 건널 수 있는 구체적 방법을 제시한다. 먼저 우리의 삶 속에는 누구에게나 고통(苦, dukkha)이 있음을 알았고, 그 고통의 원인이 갈애와 사견에 의해서 일어난다는 사실을 분명하게 통찰하였으므로, 그것에 대응하여 소멸하게 하는 구체적 방법이 필요하였다.

붓다는 그 고통의 소멸을 위한 구체적 방법으로 수행해야 할 길인 법(Dhamma)을 도성제인 8정도로 체계화하였다. 다시 말해 8정도는 고통을 건널 수 있는 앎의 문제가 아니라 직접 실천해야 할 수행 덕목이다.

여덟 가지 바른 도인 8정도는 정견(正見)에서 시작한다. 정견은 있는 사실을 있는 그대로 보고 알아서, 더이상 절충이나 변명이나 회피하지 못하게 하는 바로 봄이 바른 견해이다. 바른 견해는 고를 알고, 고가 형성됨을 알고, 고의 소멸을 알고, 고의 소멸로 이끄는 길을 깨닫는 것이다.

두 번째는 바른 사유인 정사(正思)이며, 바른 의도를 가지는 것이다. 욕망을 버리는 의도와 선의를 베풀려는 의도이며, 다른 모든 것을 해치지 않으려는 의도를 가지는 것이다.

세 번째는 바른말, 정어(正語)이다. 정어는 본 사실대로 말하는 거짓 없는 말하기며, 바르게 말하는 것에서 더 나아가 과장되게 꾸미지 않고 말하는 것이며, 거칠게 욕하여 다른 이를 마음 아파하게 하는 거친 말을 하지 않는 것이며, 이 말 저 말 쓸데없이 하지 않고 말하는 것이다.

네 번째는 바른 행위〔正業〕이다. 살생을 멀리하고 생명을 살리는 행위, 훔치지 않고 도와주는 행위, 부정한 성행위를 멀리하며 깨끗하게 살아가도록 권장하는 행위를 말한다.

다섯 번째는 세상을 살아가면서 바른 직업을 갖고 살아가는 정명(正命)을 지니도록 한다. 즉 잘못된 생계 수단을 버리고 바른 형태의 생계 수단 즉 바른 직업을 말한다.

여섯 번째는 바른 정진[正精進]으로, 깨어 있는 삶을 위해 번뇌의 때가 끼지 못하도록 노력하며, 번뇌의 때가 있다면 씻어내는 노력, 바른 깨달음으로 살아갈 수 있도록 지속적으로 노력하는 바른 수행을 말한다.

일곱 번째는 바른 마음 상태를 지니도록 순간순간 바라보며 알아차림을 챙기는 정념(正念)을 말한다. 몸의 구성요소들이 변화하고 있는 부분과 몸의 감각적 느낌과 마음의 속성이 지니고 있는 상태, 여러 조건들에 따라 일어나는 법의 상태를 순간순간 생생하게 통찰하는 수행을 말한다.

여덟 번째는 고요한 상태로 나아가는 바른 집중[正定]으로 초선에서 2선, 3선, 4선으로 나아가는 삼매의 수행 과위를 말한다.

위에 열거한 8정도(八正道)의 가르침은 붓다께서 고의 원인을 알고, 고를 완전하게 벗어나도록 직접 수행 체험을 통해 나아갈 수 있는 구체적 방법이다.

경전에서 제자들이 말하였다.

"(붓다는) 일찍이 가르침이 없었던 길을 생기게 하신 분, 일찍이 만들지 않았던 길을 만드신 분, 일찍이 선포된 적이 없었던 길을 선포하신 분, 길을 아시는 분, 길을 보시는 분, 길을 안내하시는 분." -『중부 108경』

붓다는 제자들에게 말하였다.

"그대 자신들이 분발해야 한다. 모든 붓다는 단지 길을 가르치는 스승일 뿐이다. 이 길을 나아가는 선 수행자들은 악마의 굴레에서 벗어날 수 있다." -『법구경 276게』

8정도의 가르침은 괴로움을 건너는 최초의 가르침이며, 괴로움을 완벽하게 소멸하는 최후의 길이기 때문에, 크게 세 가지로 나누어서 "계(戒)·정(定)·혜(慧) 3학(三學)으로 실천 수행을 강조한다.

괴로움을 건너기 위해서 먼저 계행(戒行)을 강조했다. 계행은 자신의 내면과 주변에 소란함이 없고, 원망이 없으며, 방해됨이 없도록 바른말[正語], 바른 행위[正業], 바른 생계[正命]를 행하여 나아가는 수행을 권유했다.

두 번째는 정행(淨行)이다. 마음속에 일어나는 온갖 요동치는 생각이나 감정을 지켜보고 알아차림하여 지금 현재 이 순간순간에 머물 수 있는 정념(正念) 수행을, 바른 집중[正定]으로 고요한 삼매를 성취할 수 있는 수행을, 깨어있는 삶을 위해 번뇌의 때가 끼지 못하도록 노력하며, 후퇴하지 않는 노력인 정정진(正精進)을 으뜸으로 강조했다.

세 번째는 정혜(正慧)이다. 있는 것을 있는 그대로 바로 보아 고의 형성을 알고 고를 소멸하게 하는 정견(正見)이다. 그리고 욕망을 버리고 수용하는 의도와 선의를 베풀고 자애심을 일으키는 정사(正思)의 수행 체험을 강조했다.

위와 같이 8정도 수행을 삼등분으로 요약하여 이야기하지만, 각각의 수행은 서로 도와주고 서로 보완하여 있는 것을 있는 그대로 다만 보는 통찰 지혜의 길을 통합하여 가르치고 있다.

붓다가 깨달음을 얻은 후, 중도적 입장(지나친 고행이나 쾌락을 갖지 않고)을 강조하면서 깨달음의 수행원리는 4성제로 체계화하였다. 이러한 수행체계는 의사가 환자의 병 상태를 진단하고, 그 원인을 찾아 치료해 주는 방식과도 같은 원리로 설명해 주고 있다. 최근 심리학자들이 심리 치유에서 불교 명상에 관심을 많이 가지고 있다. '로날드 시걸(Ronald D. Siegl 2005, Mindfulness and Psychotherapy)'이 대표적이다.

고통의 소멸을 위한 4성제와 심리치유의 공통점

- 고통의 원인을 회피하지 않고, 있는 그대로 통찰하고 완화하며 자유롭게 한다.
- 현재의 경험을 수용의 태도로 알아차리고 그것에 전념하게 한다.
- 고통으로부터의 해탈과 심리적 장애 치유와 비교

(1) 증상(마음의 괴로운 상태인 고통[苦])을 확인하고,
(2) 그 원인(집착/탐욕, 이기심, 상처[集])에 대해 알아차리고,
(3) 예후(치료 후 건강 상태, 열반의 기쁨, 해탈[滅])를 제안하며,
(4) 치료법(구체적 치유 시행, 8정도[道] 수행)으로 처방한다.

4성제의 원리를 과학적으로 활용하는 과학 명상

일반인에게 명상은 객관적으로 그 효과를 나타낼 수 있어야 하기 때문에 명상의 본래적 의미(깨달음에 의한 인격 완성)보다는 현대인이 겪는 '고통의 완화 및 경감' 즉 생리학적·심리학적 건강에 초점을 맞추어 받아들이고 있다.

특히 명상 중 그 효과에 관한 과학적 분석은, 신체의 깊은 안정 상태와 여러 생리학적 지표의 변화들을 확인하게 되었다. 그 예로서 "심장박동이 느려지고 혈장 유산염 농도가 감소하며 피부 탄력이 증가한다. 눈을 감고 휴식을 취하는 것보다 그 변화가 두 배 높게 나타났다."(Jovening,1978)

여러 변화에서 "평안한 휴식 상태는 정신이 더욱 또렷이 깨어 있으며, 뇌 전두부와 중심부에서 뇌파도 측정 시 알파파와 세타파의 일관된 증가, 전두엽의 활성화로 좌뇌와 우뇌의 활동량이 상대적으로 명상 전보다 균형을 이루었다. 즉 좌뇌(오른손잡이)에서 처리하고 있는 언어적·선형적·시간 연계적 사고는 줄어들고, 우뇌에서 주로 담당하는 총체적·직관적·비언어적 사고가 더 늘어날 수가 있음을 뜻한다."(Goleman, 1976).

이러한 효과에 대한 검증과정이 소개되면서, 명상에 대한 관심이 폭발적으로 일어나고 있다

붓다시대 명의 지바까, 붓다와 제자들의 주치의
* 붓다를 대 명의로 표현(약사경)

의학적 치유 과정
- 고는 환자들의 병의 증상을 확인함[苦]
- 그 병의 원인을 탐색[集]
- 예후, 병을 치유하고 난 후의 상태[滅]
- 치료법[수행법인 道]

과학적으로 활용하는 과학 명상
- 신체의 깊은 안정 상태와 여러 생리학적 지표의 변화
(이완 효과와 스트레스 감소)
- 심장 박동이 느려지고 혈장 유산염 농도가 감소하며 피부 탄력 증가
- 우뇌에서 주로 담당하는 총체적·직관적·비언어적 사고가 더 늘어남을 확인

제4장

명상 수행의 시작

호흡 명상

통찰 명상 기초 수행을 위한 호흡 명상

예부터 많은 수행자들이 호흡의 중요성을 강조했다. 호흡은 명상의 시작이다. 특히 우리는 지금 과학의 시대에 살아가고 있기 때문에, 과학적 증거가 있어야 호흡의 중요성을 더욱 신뢰하게 된다. 여러 가지 과학적 사례가 있다.

호흡 명상을 하게 되면, 몸은 깊은 휴식 상태에 들어가고, 긴장 해소와 이완으로 피로가 감소한다. 뇌파의 변화로도 호흡 명상의 중요성을 알 수 있다. 몸과 마음이 불안할 때 뇌파는 베타파로, 점차 안정이 되면 알파파로, 세타파나 델타파, 감마파의 파장이 나타난다. 그때 심장박동수의 변화도 긴장도가 떨어져 마음의 편안함과 안정감을 느낀다. 또한 스트레스 호르몬을 유발시키는 혈장의 코르티솔을 줄여 주며, 인간만이 특별히 가지고 있는 이마 부분의 전전두엽이 활성화하면서, 창의력 향상과 감성적 감정이 높게 나타나며, 대인관계가 좋아져서 삶의 질을 높여 준다.

숨을 쉬고 있다는 사실 자체를 의식하면, 비록 심한 중병에 걸려 깊은 절망에 빠져 있더라도 희망적인 방향으로 개선될 수 있다는 신념을 함양시킬 수 있다. 매 순간을 충분히 의식하면서 정신을 집중하여 살피며 살아가는 훈련을 하다 보면 좋고 나쁜 일 모두가 자신의 순간적 의식임을 받아들일 수 있게 된다. 이렇게 하는 것이 바로 골칫덩어리(괴로움 내지 스트레스)의 삶에서 벗어나는 길이다.(존 카밧진)

차드 멩 탄은 명상을 많이 하면 마음이 더 차분해지고, 통찰력이 더욱 예리해지며, 더 강하게 더 긴 시간 동안 주의를 집중시킬 수 있다고 하였다. '숨쉬기에 목숨을 걸어라'라고 한 단원에서, 운동과 명상 사이의 중요한 유사점이 두 경우 모두 저항력을 극복할 때 성장이 이루어지는 것이다. 예를 들어 웨이트 트레이닝을 할 때, 아령의 무게에 저항하며 이두박근을 수축시킬 때마다 여러분의 알통이 더 강해지는 것처럼, 명상 훈련을 하면 주의력 근육이 조금씩 더 강해진다.

우리는 태어나면서부터 들숨 날숨 호흡을 하면서 살아왔지만, 순간순간 호흡을 하면서 살아가고 있다는 사실을 잊고 살아간다. 자기가 지금 이 순간순간 살아가고 있다는 사실을 지켜보고, 알아차릴 때 호흡의 중요성을 깨닫게 된다. 내가 이 순간 소중하게 살아가고 있다는 사실을 새롭게 깨우칠 수 있도록 인도하는 순간의 체험은 호흡 명상에서 맨 먼저 찾을 수 있다.

초기 통찰 수행(마음챙김)을 위해, 위빠사나 수행의 대표적 지침서인 『대념처경(Mahasatipatthana Sutta)』[D22]에서, 신수심법(身受心法) 중 몸의 통찰의 제일 구절에 다음과 같이 말씀하셨다.

"비구(수행자)들이여, 어떻게 비구는 몸에서 몸을 관찰하며 머무는가? 수행자들이여, 여기 비구는 숲속에 가거나 나무 아래 가거나 외진 자리에 가서 정좌인 가부좌를 하고, 허리를 곧게 펴고, (가슴을 자연스럽게 열고), (중략) 비구는 마음챙김(고요하게 마음을 주의 집중하여)을 확립하여 앉는다. 비구는 마음챙겨 숨을 들이쉬고 마음챙겨 숨을 내쉰다. 길게 들이쉬면서 '길게 들이쉰다'고 꿰뚫어 안다(자각한다). 길게 내쉬면서'길게 내쉰다'고 꿰뚫어 안다(자각한다.). 짧게 들이쉬면서 '짧게 들이쉰다'고 꿰뚫어 알고(자각하고), 짧게 내쉬면서 '짧게 내쉰다'고 꿰뚫어 안다(자각한다). '온몸을 경험하면서 들이쉬리라며 공부 짓고, 온몸을 경험하면서 내쉬리라'며, 공부 짓는다. '신행을 편안히 하면서 들이쉬리라며' 공부 짓고 '신행을 편안히 하면서 내쉬리라' 공부 짓는다. (-『각묵 스님, 네 가지 마음챙김공부』에서)

수행자는 몸과 마음을 평온하고 고요하게 하기 위해서는 '들숨과 날숨에 대해서 길면 긴 대로, 짧으면 짧은 대로 호흡이 들어오고 나가는 것을 오직 알아차리며, 그 흐름을 온몸으로 긴장 없이 편안하게 집중하여 꿰뚫어 알면서(자각) 수행하라고 강조한다. 『대념처경』 외에 『출입식념경(Ānapānasati Sutta, M118)』과 『긴 라훌라 교계경(Mahārāhulovāda Sutta M62)』, 『밀린다팡하(Milinda Panha Sutta)』 등과 한문으로 전해지는 『안반수의경(安般守意經)』 등등에서 널리 호흡 명상에 대해 맨 앞자리에서 강조하고 있다.

모든 생물체는 호흡을 통해 생명을 이어간다. 그러나 사람들조차 자기가 호흡을 하면서 살아가고 있음을 알아차리지 못한다. 어릴 때는 완전호흡, 즉 폐에 충분하게 호흡을 가득 채울 때는 횡격막이 아래로 내려가 복부 호흡을 하지만, 나이가 들면서 점차 복잡한 생각들이 쌓이면서 호흡이 짧아져서 짧은 흉식호흡을 하게 된다.

최근 과학적으로 밝혀지고 있듯이, 허리를 곧게 펴고, 가슴을 열고, 턱을 살짝 당기고, 양 어깨에 긴장을 벗어나 편안한 상태가 될 때 더 깊은 호흡을 할 수 있다고 한다. 또한 붓다께서는 의도적으로 호흡에 주의를 집중하되, 호흡이 길면 긴 대로, 짧으면 짧은 대로 들숨과 날숨이 일어나는 과정에 주의를 온전히 가지고 충분하게 알아차림을 강조하고 있다.

호흡에 온전하게 주의를 할 때, 밖으로 향하던 몸의 감각 기관과 일어나고 있던 생각들을 멈추게 하여 몸과 마음의 평온과 고요함으로 돌아가 본래 본성의 자리로 머물면서 삼매의 상태로, 지금 여기에 있는 그대로의 존재 본성을 알아차리는 직관적 지혜가 열리게 된다. 직관적 지혜는 경험으로 알고 분별하던 지각을 넘어서, 함께하고 있는 자애의 마음으로 변형하는 수행자의 삶을 체득될 수 있다.

호흡 명상의 중요성
누구나 어디서나 매 순간 들숨 날숨의 호흡에 주의 집중한다면, 지금 현재의 순간순간에 깨어 있을 수 있기 때문이다.
존 카밧진: 매 호흡 순간을 충분히 의식하면서 고요하게 정신을 집중하며 살피며 살아가는 훈련을 하다 보면 좋은 일, 나쁜 일 또는 괴로운 일 등, 모두가 자신의 순간적 의식임을 받아들일 수 있다.
차드 멩 탄: 마음이 더 차분해지고, 통찰력이 더욱 예리해지면서, 더 강하게 더 긴 시간 동안 주의를 집중시킬 수 있다.
– 이두박근을 수축시킬 때마다 알통이 더 강해지는 것처럼, 여러분의 주의력 근육이 조금씩 더 강해지는 것과 같다.
우리가 순간순간 호흡을 하면서 살아가고 있다는 사실을 잊고 살아간다.

호흡 명상 방법: 마음 챙겨 숨을 들이쉬고 마음챙겨 숨을 내쉰다. 길게 들이쉬면서 '길게 들이쉰다'고 꿰뚫어 안다. 짧게 들이쉬면서 '짧게 들이쉰다'
고 꿰뚫어 알고(자각하고), 짧게 내쉬면서 '짧게 내쉰다'고 꿰뚫어 안다.(자각한다.)
붓다의 호흡은 꿈바카 호흡 수행처럼, 길게 크게 하는 데 있지 않다. 지금 현재의 들숨과 날숨이 일어남을 단지 자각하는 데 있다.
모든 생물체는 호흡을 통해서 생명을 이어간다. 그러나 사람들조차 자기 자신이 호흡을 하면서 살아가고 있음을 느끼거나 알아차리지를 못한다. 그렇기 때문에 아주 쉽게 알아차릴 수가 있을 것 같으나 결코 쉽지 않음을 알게 될 것이다.
호흡에 온전하게 주의를 할 때, 밖으로 향하던 몸의 감각 기관과 일어나고 있던 생각들을 멈추게 하며, 몸과 마음의 평온과 고요함으로 돌아가기 때문이다.

호흡 명상, 주의를 기울여 호흡 알아차리기

『대념처경』에서 자신의 몸을 통찰하는 첫 번째 가르침인 호흡 명상 과정은 숨 자체를 길면 긴 대로, 짧으면 짧은 대로 코끝의 감각에 접촉하는 부분을 주의 집중하여 알아차려 보게 하였다. 잠깐 일어나는 생각들을 접어두고, 코끝에 들어가고 나가는 호흡 감각에 주의를 기울이다 보면, 금방 주의 집중이 깨어진다. 무의식적으로 내재된 생각이나 감정들이 꼬리를 물고 일어난다. 명상자가 가장 단순한 들숨 날숨을 지켜보고자 노력하지만, 첫 시도는 훈련이 안 되었기에 어렵다고 할 것이다.

하지만 우리는 하루에도 50,000가지 생각을 한다고 한다. 눈과 귀와 코와 입과 몸의 피부와 의식(6根)이 자동적으로 외부의 경계에 가 있기에 내면에서 일어나고 있는 것을 자신도 모르게 무시한다. 이러한 결과로 한 곳에 주의 집중하기가 어려울 수밖에 없다.

호흡 명상에서 붓다는 들숨 날숨의 호흡을 인위적으로 길게, 또는 짧게 하고자 통제하지 말고, 다만 호흡이 일어나는 순간순간에 주의를 기울이고, 그 호흡을 알아차리고 지켜보라고 강조한다. 어떤 의도를 가지고 조작하고자 한다면, 더 많은 주관적 생각이 일어나 그 속에 빠질 수가 있다. 다시 말해, 주관적 생각을 버리고, 제3자가 하는 것처럼 객관적으로 지켜보고 알아차린다면, 보다 편안하게 여유를 갖게 되고, 있는 그대로 일어나는 것에 주의 집중하기가 훨씬 쉬워진다.

그러므로 붓다는 자신의 생각 즉 오류를 내려놓고, 있는 것을 있는 그대로 통찰력을 키워나가도록 하는 명상을 강조했다.

호흡 수행의 구체적 방법

– 붓다는 무엇보다도 들숨 날숨의 호흡을 자기 인위적으로 길게, 또는 짧게 하고자 통제하지 말고, 다만 호흡이 일어나는 순간순간에 주의를 기울이고, 그 호흡을 알아차리고 지켜보라고 강조한다.

– 들숨날숨 호흡에 주의할 때, 몸의 감각에서 예를 들어 소리가 들린다면, '아! 지금 밖에서 소리가 들리는구나!' 라고 알아차리고, 혹은 과거의 생각이 일어나면, '지금 과거에 겪은 생각이 일어나는구나!' 라고 알아차리고 잠시 머물러 지켜보다가, 다시 호흡에 주의 집중으로 돌아간다.

어떤 의도를 가지고 호흡을 조작하고자 한다면, 더 많은 주관적 생각이 일어나 그 속에 빠질 수가 있다. 호흡을 있는 그대로 주의 집중해서 바라보고 알아차림하는 것은 주관적 생각에 빠져 오류를 범하는 것을 차단하기가 쉽다.

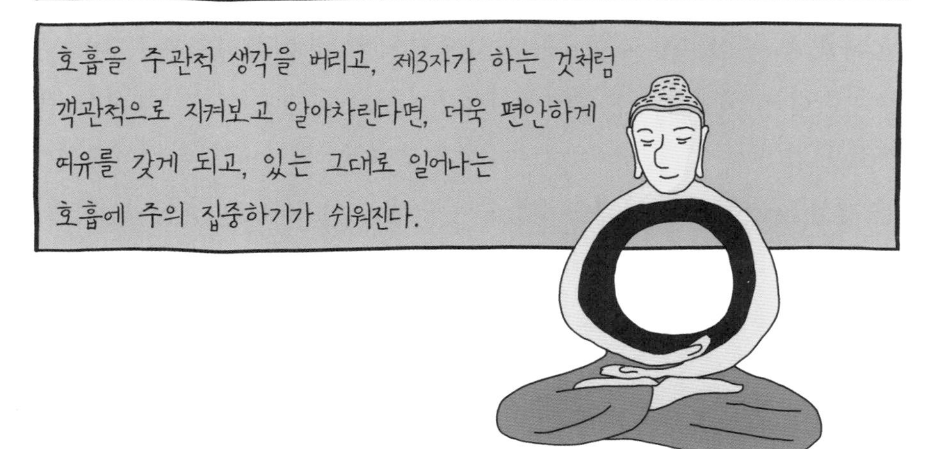

유발 하라리는 왜 호흡 명상을 했을까

호흡은 한 곳에 의식을 집중해 준다. 자신이 어떻게 호흡을 하고 있는지 의식을 집중해 보면, 화가 나거나 흥분하거나 스트레스를 받고 있을 때는 자기도 모르게 호흡이 얕아져 있다. 보통 마음이 편안할 때에는 호흡이 길고 깊어지고, 불안하거나 초조할 때에는 짧고 거칠어진다.

우리가 호흡을 의식해 보면, 그동안 자신이 얼마나 얕은 호흡을 했는지를 알게 된다. 또 불안할 때나 자기를 자랑할 때 호흡이 얕아지는 것을 알 수 있다. 만약 호흡이 편하지 못하다는 것을 알아차리고 편해져야겠다고 마음을 먹으면 호흡이 정상적으로 돌아오면서 마음도 가라앉는다.

사람은 자신의 참모습을 알게 되면 변한다. 일상에서 자신의 감정 상태가 어떤지를 호흡을 통해 확인하는 습관을 가지면, 차츰 자신의 감정을 쉽게 알아차리게 된다. 호흡뿐만 아니라 말하기, 듣기, 보기, 먹기, 접촉하기 등에서도 그 감각을 분리하여 지켜볼 때 멈출 수 있다.

이스라엘의 역사학자로 인류의 과거와 미래를 깊은 통찰력으로 읽어냈던 유발 하라리는 고엔카에게 명상을 배웠다. 그는 그의 저서 『21세기를 위한 21가지 제언(전병근 역, 김영사, 2018)』에서 "내가 숨 쉬는 것을 관찰하면서 처음 알게 된 것은 (중략) 최선을 다해 노력했음에도 내 숨이 콧속의 드나드는 것의 실체를 관찰하다 보면 10초도 지나지 않아 정신은 흩어져서 방황했다."고 밝히고 있다. 유발 하라리는 충격을 받고 그 후 명상에 집중한다. '21세기 사상계의 신데렐라'로 불리는 유발 하라리, 그 빛나는 업적의 조력자는 명상이라 해도 과언이 아니다.

– 평소에 무의식적으로 호흡하던 습관에서, 들숨 날숨 호흡 명상에 주의 집중하면 몸의 감각인 눈·키·코·입·몸의 피부에서 부딪히는 것에 대해 예민하게 반응하는 것을 알아차릴 수가 있다.
– 의식도 과거에 경험했던 생각이나 미래에 경험할 일들에 대한 생각이 끊임없이 일어나고 있는 것을 알 수 있다.

– 평소 무의식적으로 행하던 호흡은 짧고 얕게 하고 있다. – 불안하거나 초조할 때에는 더욱 짧고 얕고 거칠어진다.
– 호흡의 흐름을 알고 주의를 집중하면 점차 길게 고요해진다.
– 다른 몸의 감각도 일어나고 있음을 알아차리면 점차 그것을 멈출 수가 있다.

– 유발 하라리가 고엔카 명상센터에서 들숨 날숨 호흡이 일어나고 있는 것에 주의 집중을 했을 때, 자신도 모르게 의식이 다른 곳으로 끊임없이 가고 있음을 알아차렸다.
– 지금까지 하고 있던 호흡이지만, 자신이 주의 집중을 했지만 통제할 수 없다는 사실에 충격을 받고 수행에 집중한다.

내 호흡을 내가 통제할 수 없다니!!!

호흡 명상을 하면 무엇이 어떻게 변할까?

오직 자신의 몸에서 일어나는 미세한 호흡의 흐름에 주의 집중하면, 호흡이 몸의 감각에 와닿는 느낌만을 알아차릴 수 있기 때문에, 자신의 주관적 감각이나 생각이 일어날 틈이 없어진다. 점차 주관적 생각과 거리를 두고서 객관적 입장으로 나아가기 때문에, 마음은 생각의 틈에서 벗어날 수가 있다.

잠시라도 미세한 들숨 날숨의 호흡 알아차림에 주의 집중하면, 마음의 움직임이 일어나지 않기 때문에, 설사 잠시 생각이 일어나더라도 일어나는 생각에 이름을 붙이고, '생각, 생각'이라고 긴장감 없이 잠시 머물러 지켜보다가, 다시 호흡으로 돌아온다면, 마음은 다시 고요해지고, 평온해진다.

몸과 마음이 일 순간 하나로 되면, 평온한 기쁨을 맛볼 수가 있다. 왜냐하면, 숨을 쉬는 순간순간 아주 자연스럽게 자신이 지금 여기에 존재하는 것을 확인하고 있기 때문이다.

일찍이 붓다는 마음이 깨어 있게 하고, 집중할 수 있게 하는 여러 수행 방법 중 가장 적절한 방법은 '아나빠나 사띠(ānapāna-sati)' 호흡 알아차리기라고 하셨다.(『Ānapāna-sati sutta M118』) 호흡은 누구나 쉽게 집중할 수 있는 대상이며, 부작용이 없는 대상이기 때문이다. 그리고 조용한 공간에 허리를 바로 펴고 혼자 앉아서, 외부의 세계에서 자신의 내면의 세계로 향할 수 있기 때문에, 이 수행은 호흡만을 잘하기 위한 수행이 아니며, 자신을 바로 깨어 있게 하며, 통찰할 수 있게 하는 훈련이다.

호흡에 주의 집중하는 힘이 강해지면 마음이 평온하고 고요해진다. 이는 마음속에 무의식적으로 갖고 있던 분노와 미움, 갈망과 공포, 긴장과 위축

등의 부정적 마음이 일어날 때, 호흡이 거칠어지고 빨라짐을 알아차리고, 그것을 대처할 수 있는 지혜가 일어나기 때문이다.

또한 호흡명상은 우리가 가장 직접적으로 체험할 수 있는 가장 단순한 명상방법이지만, 끊임없이 변하는 현실의 호흡을 이용하여 마음을 집중하는 최적의 수행법이다. 숨이 콧구멍으로 들어오고 나갈 때의 직접 경험, 그 감각에 집중하면 된다. 그러나 집중이 길들어질 때까지는 수천 번도 넘게 반복하게 된다. 그때마다 살며시 돌아와서 다시 호흡에 집중하는 데 숙달하게 되면, 나중에는 높은 수준의 몰입과 삼매에 들어갈 수가 있다.

존 카밧진은 『마음챙김명상과 자기치유(1991)』라는 저서에서 "호흡에 주의를 집중하는 방법은 모든 주의 집중 가운데, 가장 강력하고 효과적인 역할을 한다."고 호흡 명상을 강조하였다.

호흡 명상① 코끝의 호흡 관찰

코끝의 호흡 관찰은 호흡할 때, 코끝을 주의한 부분에서 들숨 날숨이 느껴짐에 주의를 집중하여 알아차린다. 그 부분에 주의 집중하면 숨이 크게, 가늘게, 또는 거칠게, 부드럽게 일어남을 알 수 있고, 조금 더 주의 집중하면 코끝 주변에 부딪히는 감각을 생생하게 느껴볼 수 있다.

사람에 따라서 코끝의 어떤 부분에 호흡 감각의 중심이 느껴지는 장소가 다르게 나타난다. 어떤 이는 양 코끝 안쪽에서, 어떤 이는 양 코쪽 입구 부분에서 생생하게 들숨 날숨을 지켜볼 수가 있다.

즉 마음이 고요한 선정인 사마타(samatha, 止)에 머물게 하고, 삼매로 나아가는 최적의 방법으로 활용하고 있다. 한 대상 특히 들숨 날숨 호흡을 코끝 가장 가까운 곳에서 주의 집중하는 수행이다.

이 호흡 명상은 미얀마의 파욱 사야도 스님의 수행 전통을 지도하는 파욱 선센터가 유명하다. 이때 자세는 명상의 기본자세인 좌선 자세(허리를 곧게 펴고, 다리는 가부좌를 하고)와 의자에 앉아 허리를 등받이에 밀착하지 않고 앉는 자세를 취한다. 호흡 감각을 빨리 알아차리기 위해서는 한 손의 손바닥을 펴서 코끝 가까이 놓고서 명상을 하면, 활기찬 호흡의 흐름을 쉽게 확인할 수가 있다. 사마타는 수행으로 마음이 고요하여, 삼매에 나아가면 육안으로 분별하는 지식을 넘어서, 혜안으로 자신과 존재를 통찰하는 지혜 눈이 열리게 된다. 그렇기 때문에, 붓다의 명상은 사마타를 바탕으로, 궁극의 존재 실체를 직관하는 위빠사나의 토대를 만든다.

코끝의 호흡 관찰
- 들숨 날숨의 호흡 집중을 코끝의 감각 부위에서 찾는다.
- 마음을 하나로 모아 선정으로, 삼매로 나아가기 위한 최적의 수행 대상으로 삼고 있다.
- 호흡 감각을 빠르게 알아차리는 방법 가운데 하나로 한 손 바닥을 펴서 코끝 가까이 올려놓으면 쉽게 확인한다.

- 미얀마 파욱 선센터에서 그 전통을 이어가고 있다.
- 붓다의 위빠사나 통찰 수행으로 가기 위한 토대가 된다.
- 호흡에 주의 집중하는 『출입식념경』의 16가지 방법 중 1과 2의 과제에서 잘 알 수 있다.
1. 숨을 길게 들이쉬면서 '숨을 길게 들이쉰다.' 고 알아차리고,
숨을 길게 내쉬면서 '숨을 길게 내쉰다.' 고 알아차린다.
2. 숨을 짧게 들이쉬면서 '숨을 짧게 들이쉰다.' 고 알아차리고,
숨을 짧게 내쉬면서 '숨을 짧게 내쉰다.' 고 알아차린다.

- 수행은 좌선을 중심으로 행하고 있다.
- 몸의 감각 기관을 통해 일어난 느낌에 휘둘리지 않기 위해, 오직 코끝의 호흡 대상에 주의 집중을 한다.

호흡 명상② 복부 관찰

복부의 호흡 관찰은 들숨 날숨 호흡에서 복부가 일어나고 멈추고 꺼짐을 알아차리는 것이다. 이때 들숨 날숨 호흡에 주의 집중도 중요하지만, 호흡이 일어나는 전 과정을 통찰하며 지켜봐야 한다.

복부가 일어나고 올라가는 것은 복부까지 호흡이 들어가는 것이 아니라, 횡격막이 내려가고 올라가면서 흉식 호흡(가슴 부분의 폐호흡)에서 깊이 있는 복부 호흡이 일어나는 것이다. 횡격막은 가슴과 배 사이에 있는 근육막을 말한다.

복부 호흡을 통해 짧거나 거친 호흡이 아닌, 천천히 깊게 크게 부드럽게 호흡이 일어남을 알 수 있다. 복부 호흡의 기본자세는 앉아서 해야 하지만, 초보자나 노약자들에게는 편안하게 누워서 왼손은 가슴 위에 올려놓고, 오른손은 복부에 올려서 들숨 날숨에 따라 아랫배가 일어나고 꺼지는 것을 생생하게 체험할 수 있도록 한다.

한편 안정된 호흡을 방해하는 요인 중 하나는 자율신경계이다. 자율신경계의 불균형 상태는 흥분이 쉽게 일어나게 한다. 흥분 상태는 호흡이 거칠어진다. 또한 흥분은 외적인 자극(보고, 듣고)에 의해서 조건반사적으로 일어난다.

자율신경계에는 흥분을 쫓아가는 교감신경계와 흥분을 완화하는 부교감신경계가 있다. 교감신경계통은 복부 위쪽에 있는 심장 · 위 · 폐 · 신장 등의 장기에 연결되어 있으나, 부교감신경계통은 복부 등에 많이 연결되어 있다. 복부 호흡은 부교감신경계를 활성화시켜 마음의 안정에 도움을 준다.

이 호흡 명상은 미얀마 마하시 위빠사나 선센타에서 호흡의 전 과정을 낱낱이 알아차리고 지켜보는 통찰 수행 방법을 실시하고 있다.

호흡이 일어나는 전 과정을 통찰하는 위빠사나 통찰 호흡
-호흡에 주의 집중하는 『출입식념경』의 16가지 방법 중 1. 2의 과제에서 3과 4의 과제로 첨부한 수행을 제시한다.
2. 온 몸을 감지하면서 '숨을 들이쉬리라.' 하고 수행하며,
3. 몸을 조건 짓는(身行) 과정을 고요히 하면서 '숨을 들이쉬리라.' 고 하며 수행한다.
- 들숨 호흡이 코끝에서 들어오는 감각을 철저히 주의 집중하면서, 그리고 폐 깊숙이 호흡이 들어갔을 때, 횡격막이 아래로 내려가면서 복부를 볼록하게 하는 것까지 몸의 조건 짓는 전 과정을 낱낱이 주의 집중하며 알아차린다.

위빠사나 통찰 호흡 수행은 미얀마 마하시 위빠사나 국제 선센터의 대표적 수행 방법이다.

- 들숨 날숨 호흡이 천천히 깊게 크게 나아가는 전 과정을 알아챙김함으로써, 마음의 안정과 고요, 그리고 존재가 형성되는 연기적 전 과정까지 통찰할 수 있는 직관적 지혜를 얻도록 해 주는 수행이다.

- 현대의학에서, 자율신경계 중 흥분을 유발하는 교감신경부분에서 벗어나, 마음을 평온하게 하는 부교감신경계가 많이 있는 복부 쪽을 활성화함으로써, 마음의 평온을 도와줄 수가 있다.

호흡 명상③ 수식, 들숨 날숨 호흡 시 숫자 붙이기

수식 호흡은 한문 경전에서만 나오는데, 후한시대 안세고(대략 140~170년경)가 한역(漢譯)한 『불설대안반수의경(佛說大安般守意經)』(大正藏,15, pp.163~168)이 대표적이다. 이 경에서는 수식(數息), 상수식(相隨息), 지관(止觀), 환(還)과 정(淨) 6가지 수행으로 깨달음에 나아가는 수행 단계를 이야기하고 있다.

수식 호흡은 중국이나 한국 등에서 예부터 전해오고 있는 호흡 명상이다. 수식은 들숨 날숨을 1회 하고 난 뒤에 하나, 그리고 2회 하고 난 뒤에 둘, 3회 하고 난 뒤에 셋으로 하면서 수를 열까지 세고, 다시 열에서 역으로 호흡을 한 번 하고 9, 8 등으로 반복하며, 호흡에 숫자를 붙이면서 수행한다. 산란한 마음을 다스리고 호흡에 주의를 집중하기 위해서 호흡을 한 후 수를 세어 가는 것이다.

수식은 호흡 후 숫자를 붙이면서 호흡에 주의 집중하여 마음의 고요와 평온을, 상수식은 호흡이 일어나는 전 과정을 주의 집중하여 따라가면서 호흡을 통해, 산란심을 내려놓아 번뇌를 그치게 하는 지(止), 지를 통해 존재를 통찰하는 관(觀), 그리고 어리석은 마음에서 본래 본성 자리로 나아가는 환(還), 마지막으로 고요하고 깨끗한 마음인 정(淨)으로 나아가는 수행법이다.

호흡 후 숫자를 붙이며 주의를 집중하는 수식은 전문 수행자가 아니라도 쉽게 호흡에 마음을 집중하는 수행이 된다. 특히 불면증 때문에 고생하는 사람들에게 1에서 100으로, 100에서 역으로 99, 98 등으로 숫자를 붙이면서, 호흡에 주의 집중을 하면, 마음이 빨리 고요와 이완, 그리고 평온함을 얻을 수 있기 때문에 불면증 등에서 벗어나는 데 큰 도움을 받을 수 있다.

『붓다가 설한 안반수의경』은 빨리어로 남아 있지 않고 한문으로 번역된 호흡 명상의 대표적인 수행 경전이다. 이 경은 안세고(대략 140~170년경)가 번역한 것으로 전해진다.
– 수식은 중국과 한국 등에서 대표적으로 행하던 수행법이다.

– 수식은 들숨과 날숨을 1회 하고 하나, 둘 숫자를 붙이면서 호흡을 진행함으로써, 호흡하는 과정에 산란심이나 몸의 감각에서 일어나는 느낌 등을 물리치고 호흡에 주의 집중을 돕게 한다.
이 경은 6가지 대표적 수행법으로 수식(數息), 상수식(相隨息), 지관(止觀), 환(還)과 정(淨) 수행으로 깨달음에 나아가는 수행 단계를 이야기하고 있다.

호흡 명상④ 교호 호흡

교호 호흡(양쪽 콧구멍을 번갈아 가며 열고 막으면서 하는 호흡: Alternate Nostril Breathing, 산스끄리뜨 : Nadi Shodhana Pranayama)은 호흡의 흐름을 정화하는 호흡법이다. 호흡의 흐름을 분명하게 지켜볼 수 있는 장점이 있다. 양쪽 코에서 들숨 날숨이 일어날 때의 감각 느낌보다는 한 코를 막고 한 코로 숨을 내쉬며, 상호 교환하면 한쪽 코에서 일어나는 감각이 더 생생하게 느껴진다.

① 먼저 척추를 쭉 편 상태에서 가부좌 또는 반가부좌로 편안하게 한 후, 왼손은 바닥을 향하게 왼쪽 허벅지에 올려놓고, 오른팔 팔꿈치를 구부리고, 검지와 중지를 접고 약지와 소지를 붙여 동작(비슈누 무드라)을 한다.

② 숨을 깊게 들이쉬고, 날숨을 한 후, 오른쪽 콧구멍을 엄지로 막고 천천히 왼쪽 콧구멍을 통해 숨을 내쉰다.

③ 숨을 완전히 들이쉬었으면 약지로 왼쪽 콧구멍을 막아 콧구멍을 모두 막히게 한 후 숨을 잠시 참는다.

④ 다시 왼쪽 콧구멍을 막은 상태에서 오른쪽 콧구멍을 막고 있는 엄지를 살짝 열어 천천히 숨을 내쉰다.

⑤ 오른쪽 콧구멍으로 완전히 숨을 내쉬었으면 내쉰 상태에서 멈추었다가 오른쪽 콧구멍으로 깊게 숨을 들이마셨다가 오른쪽 콧구멍을 엄지로 막고, 숨을 잠시 참다가 왼쪽 콧구멍으로 숨을 천천히 내쉰다. (이것을 반복한다.)

*효과 : 신체 좌우 기의 흐름을 원활하게 조절하여 균형을 유지시키며, 부교감신경을 항진시켜 마음을 진정시키고, 집중력을 좋게 하며, 뇌의 기능을 향상시켜 면역력이 강화된다.

– 콧구멍을 번갈아 가며 하는 호흡: Alternate Nostril Breathing, 산스끄리뜨: Nadi Shodhana Pranayama) 호흡의 흐름을 정화하는 호흡법
– 이 호흡법은 초보자들에게는 호흡의 흐름을 분명하게 지켜볼 수 있는 장점이 있다.

방법: 오른쪽과 왼쪽의 콧구멍을 번갈아 가며 막고 열며, 숨을 들이마시고, 반대쪽으로 다시 내쉬었던 콧구멍으로만 들이마시고, 반대쪽 콧구멍을 열어 내쉬기를 반복하는 교호 호흡법이다.
– 한쪽 코를 막고 한쪽 코로 호흡하기 때문에 호흡의 흐름을 크게 느낄 수가 있다.

두 코로 호흡을 하지만, 이 호흡을 하면 초기에는 양쪽 코 중 한쪽 코의 호흡 흐름에 차이를 느낄 수도 있다.

한 콧구멍 한 콧구멍으로 깊이 있게 하는 호흡은 뇌 부분까지 호흡 흐름을 왕성하게 하기 때문에 전전두엽을 활성화하는 데도 도움이 된다.

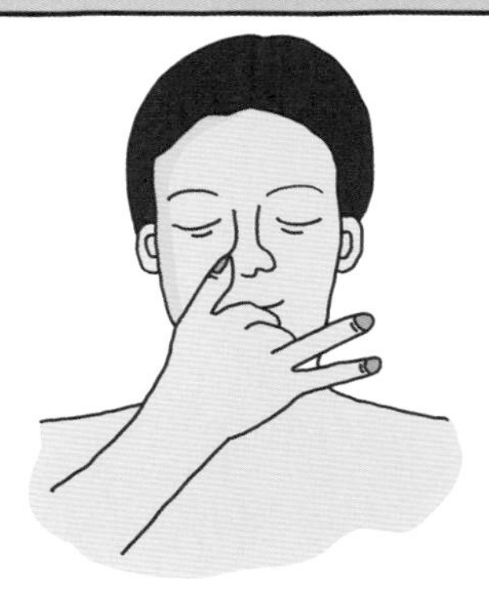

호흡 명상⑤ 정뇌 호흡

정뇌 호흡[Kapalabhati]은 산스끄리뜨어로 두개골, 이마[Kapala]+빛[bhati]이라는 의미로 두개골 정화법이라고도 한다.

복식 호흡을 급격하고 리드미컬하게 하여 1초에 한 호흡이 되도록 하는 것이다. 들숨 호흡은 작게 천천히, 날숨 호흡은 크게 빠르게 복부를 움츠리면서 강제로 세차게 숨을 내뱉는다.

이 호흡은 여섯 가지의 정화법 중 하나로 강제로 숨을 내뱉음으로 폐의 나쁜 공기를 몰아내고, 산소를 증가시켜 몸속을 깨끗하게 하는 정화법이다. 즉 머리를 맑게 해 주는 호흡으로, 요가 수행 시 준비 호흡이나 정화 호흡으로 많이 활용한다. 정뇌 호흡을 실시하면 머리에 막혀 있던 혈액의 흐름이 왕성해지고, 산소 공급이 원활해져 뇌 건강을 지킬 수 있다.

이 호흡은 미얀마 쉐류 스님께서 요가 호흡 명상의 한 방법을 도입하여 명상 초기 수행자에게 빠른 호흡으로 마음을 정화시키고 주의 집중을 왕성하게 하는 것으로 쉐류 센터에서 명상 수행 시 활용하며 전해지고 있다.

정뇌 호흡 방법

① 맑고 정갈한 곳에서 마음을 고요히 하고, 척추를 똑바로 하고 어깨 가슴의 긴장을 푼다.

② 복식 호흡으로 코로 공기를 훅~훅 소리가 나도록 강하게 뱉으면서 배를 안으로 당긴다.

③ 처음에는 복부에 의식을 두고 하다가 익숙해지면 미간으로 의식을 옮긴다.

④ 호흡에 걸림이 있거나 몸이 결리는 듯 불편하면 호흡의 속도를 늦추고 다시 한다.

⑤ 가벼운 현기증은 산소가 머리에 차는 경우이며, 초보자는 허리에 약한 통증이 올 수 있다.

⑥ 호흡 시에는 공복이나 위가 가벼운 상태에서 방광을 비우고 하는 것이 좋다.

⑦ 마칠 때는 몇 차례 길게 내쉬며, 잠시 의식을 미간에 모아서 밝은 미소로 마무리한다.

정뇌 호흡을 통해 얻을 수 있는 효과

우리 몸은 온기를 에너지로 쓰며, 냉기는 탁기로 병의 원인이 된다. 건강한 사람은 365일 36℃의 체온을 유지하며, 이보다 낮으면 병이 나기 쉽다. 특히 암은 35℃ 저체온에서 증식이 가장 잘 이루어진다고 한다.

① 공기를 강제로 몸속에 유입시켜 산소량을 늘려주기 때문에, 폐활량을 늘리고 폐를 정화한다.

② 탁기를 배출하는 방법으로 복부를 풀무질하듯 하여 몸에 열기를 생성시켜, 탁기인 냉기를 몰아내고 몸을 뜨겁게 만들어 준다.

③ 혈액을 하복부로 끌어내려 복부기관을 강화시켜 주며 복부에 압력을 가하여 복부지방을 태운다.

④ 또한 횡격막을 자극하여 위장과 심장에 운동력을 높여 혈액을 정화하며, 혈액 순환 장애를 예방한다.

⑤ 학생들은 공부 중에 틈틈이 호흡하면 정신이 맑아져서 집중력을 높일 수 있고 뇌를 정화시켜 머리를 맑게 해 준다.

정뇌 호흡 주의점

① 중요한 것은 이 기법에 사용되는 빠른 호흡이 가슴에서 나오는 것이 아니라 복부에서 나온다는 것이다.

②1시간 이상 수련할 때 혈중 산소농도가 높아져서 호흡하지 않아도 되는 상태, 호흡이 정지되는 상태에 도달할 수도 있음.

③ 하루에 두 번 정뇌 호흡을 하도록 한다. 공기를 강제로 몸속에 유입시켜 산소량을 늘려 주기 때문에, 폐활량을 늘리고 폐를 정화한다. 전체 요가 수련 중 요가 자세 마지막에 그리고 교호 호흡과 명상 전에 실시한다. 이렇게 함으로써 육체적 · 정신적 무기력감을 줄이고 민첩한 정신과 생기발랄함이 유지된다.

④ 정뇌 호흡은 요가 동작인 아사나 혹은 네띠 후에, 쁘라띠하라와 다라나(집중)명상 직전에 수련한다. 가슴이 열리지 않은 상태에서는 하지 않는다.

⑤ 어느 때에 수련해도 좋지만 식후 3~4시간 지난 공복에 행해야 한다.

⑥ 옆구리 통증이나 어지러움이 느껴지면 수련을 멈추고 잠시 조용히 앉아 머문다. 감각이 사라지면 좀 더 주의를 기울이며 좀 더 약하게 수련을 재개한다. 좀 더 오래 수련을 진전시킬수록 체력을 단련할 수 있다.

⑦ 임산부, 심장병, 고혈압, 저혈압, 현기증, 간질, 뇌졸중, 탈장, 위궤양, 눈병(녹내장), 귓병(귀에 물이 찬 경우) 또는 코피 등으로 고생하는 사람은 연습하지 않는다.

⑧ 호흡법을 행할 때는 호흡을 잘못하면 딸꾹질, 고창증, 천식, 기침, 콧물, 머리 · 눈 · 귀의 통증, 신경계통이 흥분되기도 한다. 숨을 느리고, 깊고, 안정되고, 바르게 들이쉬고 내쉬는 것을 배우는 데는 상당한 수련을 필요로 한다.

정뇌 호흡/ 까빨라바띠(Kapalabhati)란 산스끄리뜨어로 두개골을 뜻한다. 이마(Kapala)+빛(bhati)이라는 의미로 정뇌 호흡 또는 두개골 정화법이라 한다.

수행 방법

복식 호흡을 급격하고 리드미컬하게 하며 1초에 한 호흡이 되도록 하는 것이다. 들숨 호흡은 잦게 천천히, 날숨 호흡은 크게 빠르게 복부를 움츠리면서 강제로 세차게 숨을 내뱉는다.

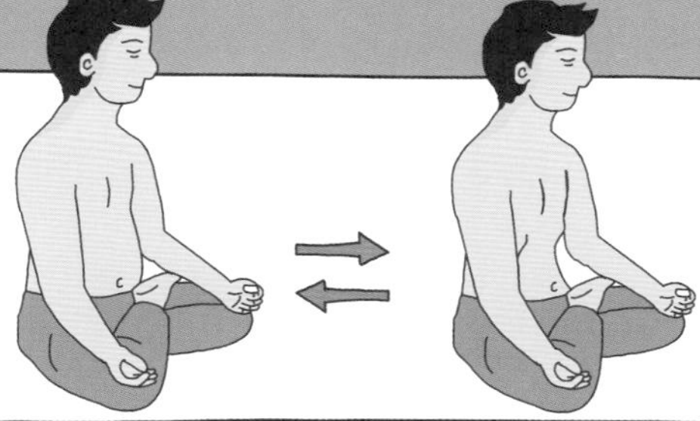

정뇌 호흡의 효과: 우리 몸은 온기를 에너지로 쓰며, 냉기는 탁기로 내 몸의 병인(病因)으로 작용한다.

건강한 사람은 365일 36.5℃의 체온을 유지하며, 이보다 낮으면 병이 발발하기 쉬우며, 특히 암은 35℃ 저체온에서 증식이 가장 잘 이루어진다.

공기를 강제로 몸속에 유입시켜 산소량을 늘려주기 때문에, 폐활량을 늘리고 폐를 정화한다.

정뇌 호흡 시 주의점: 공기를 강제로 몸속에 유입시켜 산소량을 늘려주기 때문에, 폐활량을 늘리고 폐를 정화하는 데 도움을 줄 수 있지만 주의점을 숙지해야 한다.

– 호흡법을 행할 때는 호흡을 잘못하면 딸꾹질, 고창증, 천식, 기침, 콧물, 머리·눈·귀의 통증, 신경계통이 흥분되기도 한다. 숨을 느리고, 깊고, 안정되고, 바르게 들이쉬고 내쉬는 것을 배우는 데는 상당한 수련을 필요로 한다.

호흡 명상⑥ 풀무 호흡

풀무 호흡[바스뜨리까 쁘라나야마(Bhastrika Pranayama)]은 난이도가 있는 호흡법으로 어느 정도 복부 호흡의 경험을 한 뒤에 하는 호흡법이다. 옛날 대장장이가 불의 온도를 높이기 위해 풀무질을 하듯, 급격하게 숨을 들이쉬고 내쉬는 호흡법이다.

들숨 하는 호흡에 배가 나오고 내쉬는 호흡에 배가 들어가는 것을 반복하는 느낌을 준다. 정뇌 호흡을 하고 난 후 약간 호흡을 고른 후, 이어서 실시하면 좋다.

이때, 내쉬는 호흡에 양손으로 배를 지그시 눌러주면서 하는 것이 좋다. 익숙해지면 강하고 빠르게 내쉬고 들이마신다.

1초에 한 번씩 20회가 넘지 않도록 3회 반복하여 실시하며, 약간의 시간을 두고서 호흡을 고르고 쉬었다가 다시 실시하는 것이 좋다.

마무리할 때는 최대한 숨을 천천히 들이마시고 잠시 호흡을 멈추었다가 천천히 내쉬어주면서 이완하고 난 후 마친다.

이 호흡의 효과는 호흡을 통해 주의 집중력을 높여주고, 코와 기관지와 허파 꽈리 등의 통로가 뚫려 뇌가 맑아지며, 간장과 비장, 췌장과 복부 근육을 활성화해서 소화 기능을 높여 준다.

또한 몸의 지방을 산화시켜 비만을 해소하는 데 도움을 받을 수가 있으며, 집중력 향상과 마음을 진정시켜 감정을 조절하는 데도 효과가 있다.

*주의할 점은 몸이 약한 사람은 천천히 하거나 약하게, 특히 저혈압과 고혈압, 녹내장이 있는 이는 피하는 것이 좋다.

풀무 호흡[바스뜨리까 쁘라나야마(Bhastrika Pranayama)]은 난이도가 있는 호흡법으로 어느 정도 복부 호흡을 경험한 뒤에 하는 호흡법이다.

수행 방법: 1초에 한 번씩 20회가 넘지 않도록 3회 반복하여 실시하며, 약간의 시간을 두고서 호흡을 고르고 쉬었다가 다시 실시하는 것이 좋다.
마무리할 때는 최대한 숨을 천천히 마시고 잠시 호흡을 멈추었다가 천천히 내쉬어주면서 이완하고 난 후 마친다.

수행의 효과: 호흡을 통해 주의 집중력을 높여주고, 코와 기관지와 허파 꽈리 등의 통로가 뚫려 뇌가 맑아지며, 간장과 비장, 췌장과 복부 근육을 활성화해서 소화 기능을 높여준다.

주의점: 몸이 약한 사람은 천천히 하거나 약하게, 특히 저혈압과 고혈압, 눈에 녹내장이 있는 이는 피하는 것이 좋다.

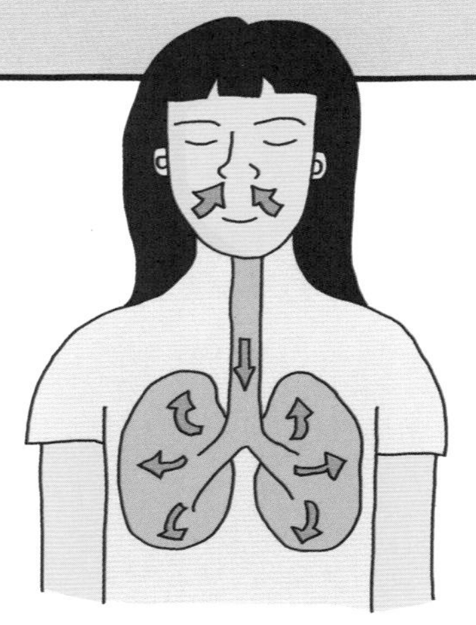

호흡 명상을 통해 과학적으로 나타난 신체와 마음의 변화

부교감 신경의 활성화로 마음의 안정과 집중력 향상

호흡 명상을 경험해본 사람은 누구나 마음이 호흡에 집중해 있을 때 심신의 깊은 안정감을 느낄 수 있어서 기분이 상쾌해지고, 더욱 명쾌한 눈으로 자기의 생각과 감정을 통찰할 수 있다. 이렇게 깨어 있는 상태는 스트레스가 작용하는 상황에서도 과거처럼 반사적으로 반응하거나 균형감을 잃지 않고 여유로운 마음으로 대처할 수 있는 힘이 생긴다.

호흡 명상은 심신을 이완함으로써 자율신경계 중 흥분을 일으키는 교감신경을 억제하고 대신 부교감신경을 활성화시켜 준다.

복부 호흡은 우선 횡격막이 복부 아래쪽으로 5~10㎝ 내려감으로써 장기를 부드럽게 하는 것과 동시에 호흡을 통해서 복부가 오르고 내리고 함으로써 다른 신체 부분들이 이완됨과 동시에 마음이 고요해져 교감신경은 약화되고 그 대신 부교감신경은 활성화된다.

호흡을 통해 뇌 활동(신경전달물질)에 변화가 일어난다

깊고 잔잔한 호흡 상태가 되면 자신도 모르게 즐겁고 기분 좋은 긍정적 마음으로 변화하게 된다. 집중 명상 상태에서의 뇌의 변화에서 보여주듯이, 마음이 하나에 집중하게 되면(뇌 과학적 측면에서), 언어적 개념과 사고에 열려 있는 좌뇌의 활동보다 통합적으로 직관력이 열릴 수 있는 우뇌의 활동이 활성화된다.

그와 동시에 뇌파는 불규칙한 베타파(β)에서 균형 잡히고 빠른 알파파(α)로 변화되면서, 노르아드레날린 신경과 도파민 신경에 대한 제어가 강해지면서(스트레스와 불안증이 감소가 되고) 세로토닌 신경계가 활성화되어 양질의 엔돌핀(즐겁고 행복한 평정의 마음 상태가 형성)이 나오게 된다(有田秀穗 &玄侑宗久, ZEN TO NOU, 2005). 노르아드레날린 신경은 몸 밖의 스트레스뿐만 아니라, 몸 안에서 일어나는 스트레스에서도 각성 반응을 일으킨다. 스트레스 반응은 불안증을 가져오며 호흡이 빨라지게 되고, 동시에 혈압과 혈당이 상승하면서, 의식 수준이 더욱 각성된다. 이때 자신이 질식되어 죽을지도 모른다는 공포감이 반복될 때, 급기야 공황장애까지 일으키게 된다.

마음과 호흡은 모든 면에서 밀접하게 연관되어 있기 때문에, 호흡을 통해 마음이 고요할 때 세로토닌 등의 호르몬 분비가 활성화되어 뇌는 즐거움과 기쁨을 느낀다. 이러한 상태와 유사하게 긴장된 몸의 상태에서, 적당한 운동을 할 때도 몸이 이완되고 뇌 활동의 호르몬 상태가 변화되어 나타난다.

인간만이 갖고 있는 전전두엽의 활성화

전전두엽의 사전적 정의는 "전두엽의 앞부분으로 추론하고 계획하며 감정을 억제하는 일을 주로 맡는다."고 한다.

전전두엽의 맨 앞부분은 미래지향적으로 맥락적 조절도 한다. 어떤 행위를 함에 있어 현재 상황에 맞게, 그리고 가급적 미래를 예측하여 행위를 한다는 뜻이다.

전전두엽의 기능은 각자 계발하기 나름에 따른 수준을 갖게 된다. 전전두엽이 잘 발달된 사람은 지식을 지혜롭게 적용하여 지금 이 순간 현재를 잘 관리한다.

배현민 KAST교수는 2022년 6월 19일 동국대에서 'fNIRS 기술을 통한 뇌기능 분석과 명상의 시각화'라는 강의에서 "최근 명상가와 비 명상가의 전전두엽을 측정하면 명상가의 전전두엽이 월등하게 활성화되어 있다고 한다."는 내용을 매우 인상적으로 들었다.

사람들 마음의 영적 수준(靈的水準), 즉 불성(佛性)은 천차만별이다. 뇌로 보면 불성 그것은 전전두엽의 수준 차이다. 불자들은 불성을 높이기 위해 수행한다. 명품 전전두엽을 만들기 위해서이다. 사람의 뇌는 전전두엽이 잘 발달되어 있다. 사람은 세상의 존재 가운데 유일하게 잘 발달된 전전두엽을 가지고 있다.

"일반적으로 포유류의 뇌는 삼위일체(三位一體)의 뇌이다. 척수 바로 위에 연결된 뇌줄기, 그 위쪽에서 뇌의 가운데 부분을 차지하는 둘레 계통(구포유류 뇌), 그리고 맨 위쪽에 신포유류뇌(대뇌 및 소뇌), 이 3개의 뇌가 합쳐져 이루어진 삼위일체의 뇌이다. 사람의 뇌는 여기에 전전두엽을 더하여 사위일체(四位一體)의 뇌이다. 전전두엽은 유일하게 사람에게만 잘 발달되어 있어 사람을 사람답게 만든다."는 문일수 교수(동국대 의대 해부학과)의 글(2022. 6.29. 법보신문) 또한 시사하는 바가 크다.

인간은 보통 호흡의 30% 정도는 뇌에서, 나머지 신체 부분에서 70% 정도로 소비한다고 한다. 하지만 생각이 복잡하게 일어나고, 마음이 산만해지면 뇌로 나아가는 호흡량이 줄어들어 머리가 무겁고 스트레스를 받게 된다. 그때는 자동적으로 전전두엽의 활동이 감퇴한다.

그러나 호흡 명상을 통해 들숨 날숨을 알아차리고 주의 집중을 통해서 마음이 고요해지고 안정이 되면, 자연스럽게 뇌로 나아가는 호흡의 에너지가 활성화된다. 호흡 명상은 전전두엽을 활성화하여(불성을 개발)하여, 지금 이 순간의 현재를 잘 관리하고 수용하는 반야(般若, Paññā, 지혜)의 뇌(腦)를 만들어 소위 해탈 열반으로 나아가는 기초를 다진다고 하겠다.

호흡 명상을 통해 과학적으로 신체와 마음의 변화

1. 부교감 신경의 활성화로 마음의 안정과 집중력 향상
2. 호흡을 통해 뇌 활동(신경전달 물질)에 변화가 일어난다.
3. 인간만이 갖고 있는 전전두엽의 활성화

제5장

고통의 근원을 통찰하여 열반으로

위빠사나 명상

내가 제시하고 가르치는 이 경은 유일한 길이니, 중생들의 청정을 위하고, 근심과 탄식을 다 건너기 위한 것이며, 육체적 고통과 정신적 고통을 사라지게 하고, 옳은 방법을 터득하고, 열반을 실현하기 위한 것이다.

위빠사나 명상의 전통, 신·수·심·법의 4가지 바른 통찰

위빠사나 명상은 붓다의 수행법으로 알려져 있듯 상좌부(남방불교)불교의 전통을 바로 세운 붓다고사(Buddhaghosa 400~450년경 생존) 스님의 논서인 『청정도론』에 기록되어 있다. 붓다고사 스님은 붓다가 가르치고 수행하였던 생생한 모습을 알기 위해서 그 당시에 주로 통용하였던 빨리어 경전을 찾아 인도에서 스리랑카로 갔다. 스님은 스리랑카 사찰에 머물면서 상좌부불교의 교리를 요약한 논서 『청정도론(Visuddhi-magga)』을 지었다. 『청정도론』은 "상좌부불교의 교리와 학설을 집대성하였으며, 괴로움을 소멸하는 방법들을 다각적으로 논의하고 있는" 특징이 있다. 그래서 오늘날까지도 남방불교의 수행 전통 논서로 삼고 있다.

한편 초기 남방불교 수행법을 몸(身), 감각 느낌(受), 마음(心), 법(法)의 4가지 주제 하에 집대성한 경으로 초기 수행법에 관한 한 가장 중요한 경인 『대념처경』이 있다.

각묵 스님은 『네 가지 마음 챙기는 공부』(초기불전연구원, 2002, p.12)에서 "남방 수행법으로 알려진 위빠사나 수행법은 모두 이 경(『대념처경』)을 토대로 하여 가르치고 있다. 남방 상좌부 불교의 부동의 준거가 되는 『청정도론』을 지은 대주석가 붓다고사 스님이 집대성한 《장부 주석서》(DA) 안에 상세하게 주석되어 심도 깊이 설명되고 있다."고 밝혔다.

붓다는 처음 만나는 누구에게나, "와서 보라"고 했다. 추상적으로 비논리적으로 접근하는 것이 아니라, 실제로 있는 것을 있는 그대로 마음을 고요하게 하여, 객관적으로 존재의 실상을 꿰뚫어 보라고 강조하고 있다.

위빠사나 명상의 계승

– 상좌부(남방불교)불교의 전통을 바로 세운 붓다고사(Buddhaghosa, 400~450년경 생존)

– 붓다 당시에 주로 설한 언어인 빨리어 경전을 모아 집대성한 『청정도론(Visuddhi-magga)』

초기 남방불교 수행법은 몸(身)·감각 느낌(受)·마음(心)· 법(法)의 4가지를 주제하에 집대성한 경으로 초기 수행법에 관한 한 가장 중요한 경인 『대념처경』이 있다.

붓다는 처음 만나는 누구에게나 "와서 보라"고 했다. 추상적으로 비논리적으로 접근하는 것이 아니라, 실제로 있는 것을 있는 그대로 마음을 고요하게 하며, 객관적으로 존재의 실상을 꿰뚫어 보라고 강조했다.

위빠사나의 소의경전에서 명상의 근본을 배운다

위빠사나의 소의경전인 『대념처경』(大念處經, Mahāsatipaṭṭhāna Sutta: D22)』은 경의 이름에서 알 수 있듯이, 존재의 실체를 생생하게 체험할 수 있도록 사실적으로 가르침을 전한다. '마하(mahā)'는 '비교할 수 없이 크다'라는 뜻이며, '사띠(sati)'는 '있는 그대로 마음을 챙겨본다, 알아차린다, 더 나아가 탐욕과 성냄과 어리석음의 위험성을 철저히 알고, 잊지 않는 기억의 확립'을 말한다. '빠타나(paṭṭhāna)'는 '생생하게 챙기고 알아차려야 할 그 대상인 신(身: 몸)·수(受: 몸의 감각에서 느낀 감정)·심(心: 마음속에서 일어나는 여러 가지 생각들)·법(法: 身·受·心의 수행에서 나타나는 여러 대상이나 원리들)을 확립하고 정착한다'는 뜻을 말한다.

"비구들이여(수행자들이여), 이 도(가르침)는 유일한 길이니, 중생들의 청정을 위하고, 근심과 탄식을 다 건너기 위한 것이며, 육체적 고통과 정신적 고통을 사라지게 하고, 옳은 방법을 터득하고, 열반을 실현하기 위한 것이다. 그것은 바로 네 가지 마음챙김인 신·수·심·법의 바른 알아차림[四念處]이다."라는 『대념처경』의 머리말은 이 경의 가장 중요한 내용을 전해준다.

붓다가 수행을 통해 알아차리고 깨달은 유일한 길이니 모든 이들을 청정하게 하고 근심을 다 건너고, 육체적·정신적 고통을 사라지고 자유롭게 하는 데 있다고 강조한다. 즉 정신적·물질적 모든 대상을 있는 그대로 관찰하여 그 존재의 실상을 깨닫게 하는 대표적 명상법이라고 할 수 있다.

위빠사나(vipassanā)는 빨리어로 위(vi: 분리하여, 멀리 떨어져서, 주의집중하여)+빠사나(passanā 살피다. 알아차리다. 있는 그대로 본다. 한문으로 觀, 즉 통찰을, 영어로는 'insight'와 가까운 용어이다.). 이와 비슷한 용어로 따라가며 본다는 아누빠사나(anupassanā: 隨觀)도 널리 쓰인다.

『대념처경(大念處經, Mahāsatipaṭṭhāna Sutta: D22』
경 이름: Mahā는 비교할 수 없이 크다. 알아차리고 챙겨야 할 그것 즉 신·수·심·법을 분명하게 낱낱이 알아차림.

내가 제시하고 가르치는 이 경은 유일한 길이니, 중생들의 청정을 위하고, 근심과 탄식을 다 건너기 위한 것이며, 육체적 고통과 정신적 고통을 사라지게 하고, 옳은 방법을 터득하고, 열반을 실현하기 위한 것이다.

위빠사나의 용어: 빨리어로 vipassanā는 vi(분리하여, 멀리 떨어져서, 주의 집중하여) + passanā(살피다. 알아차리다. 있는 그대로 본다. 한문으로 觀, 즉 통찰을, 영어로는 'insight'와 가까운 용어이다.
이와 비슷한 용어: anupassanā: 수관(隨觀) 따라가며 본다.

자신의 몸을 있는 그대로 통찰하는 신념처

신념처는 몸을 있는 그대로 존재의 실상을 객관적으로 분석하여 통찰하는 내용이다. 우리는 몸을 의지해서 세상을 알아차리고 있지만, 그 인식이 많은 오류를 범하고 있기 때문에, 마치 외과 의사들이 몸의 한 부분 한 부분을 모두 해체하여 보는 것처럼, 세세하게 낱낱이 분해하여 밝히고자 하였다.

몸을 통찰하기에 앞서서 호흡에 주의 집중하여 몸의 감각이나 마음의 산란함을 평온하고 고요하게 할 수 있는 수행 터전을 갖출 것을 가르친다.

호흡 명상: 숨을 길게 들이쉬면서 숨을 길게 들이쉰다고 알아차린다. 숨을 길게 내쉬면서 숨을 길게 내쉰다고 알아차린다. 숨을 짧게 들이쉬면서 숨을 짧게 들이쉰다고 알아차리고, 숨을 짧게 내쉬면서 숨을 짧게 내쉰다고 알아차린다. 몸을 있는 그대로 통찰하기 위해서는 무엇보다 먼저 호흡 명상을 통해 마음의 고요함과 평온함을 유지하여야 함을 강조한다.

몸이 움직이는 네 가지 자세[四威儀]: 비구들이여, 비구는 걸어가면서 걷고 있다고 자각하고, 서 있으면서 서 있다고 꿰뚫어 알며, 앉아 있으면서 앉아 있다고 자각하고, 누워 있으면서 누워 있다고 꿰뚫어 안다. 또 비구는 그의 몸이 다른 어떤 자세를 취하고 있든 그 자세대로 꿰뚫어 안다. 이와 같이 안으로 몸에서 몸을 관찰하며 수행한다. 비구의 이와 같은 수행은 세상에서 아무것도 움켜쥐지 않기 위함이다. 이와 같이 몸의 자세를 취할 때마다 몸을 온전하게 주의 집중하여 사띠를 챙기면서 오직 그 동작 하나하나에 알아차림을 수행해야 한다는 것을 강조한다.

몸의 움직임을 분명하게 알아차림: 비구는 다시 앞으로 나아갈 때나 뒤로 물러날 때도 분명히 알면서 행한다. 앞을 볼 때도 돌아볼 때도 분명히 알면서 행한다. 구부릴 때도 펼 때도 분명히 알면서 행한다. 또한 가사 · 발우 · 의복을 지닐 때도 분명히 알면서 행한다. 먹을 때도 마실 때도 씹을 때도 맛볼 때도 분명히 알면서 행한다. 대소변을 볼 때도 분명히 알면서 행한다. 걸으면서, 서면서, 앉으면서, 잠들면서, 잠을 깨면서, 말하면서, 침묵하면서도 분명히 자각하며 행한다. 이와 같이 안으로 몸에서 몸을 관찰하며 머문다. 몸이 움직일 때마다 몸의 움직임 그 자체에 오로지 주의를 집중해서 오직 지금의 이 순간을 알아차리게 하고 있다. 비구는 세상의 다른 어떤 것도 움켜쥐지 않고 오직 지금의 그 순간에 깨어 있게 한다.

자기 몸이 가진 내적 · 외적 부위를 있는 그대로 통찰

비구(수행자)는 발바닥에서부터 위로 올라가며 그리고 머리털에서부터 아래로 내려가며 이 몸은 살갗으로 둘러싸여 있고 여러 가지 더러운 것으로 가득 차 있음을 비추어 본다. 경전에서는 다음과 같이 언급하고 있다.

"비구들이여, 이는 마치 양쪽에 주둥이가 있는 가마니에 여러 가지 곡물, 즉 밭벼 · 보리 · 녹두 · 완두 · 참깨 · 논벼 등이 가득 담겨 있는데 어떤 눈 밝은 사람이 그 자루를 풀고 비추어 보는 것과 같다. 이것은 밭벼, 이것은 보리, 이것은 녹두, 이것은 완두, 이것은 참깨, 이것은 논벼라고.

비구들이여, 이와 같이 비구는 발바닥에서부터 위로 올라가며 그리고 머리털에서부터 아래로 내려가며 이 몸은 살갗으로 둘러싸여 있고 여러 가지 더러운 것으로 가득 차 있음을 비추어 본다. 또 이 몸에는 머리털 · 몸털 · 손발톱 · 이 · 살갗 · 살 · 힘줄 · 뼈 · 골수 · 콩팥 · 염통 · 간 · 근막 · 지라 · 허파 · 큰창자 · 작은창자 · 위 · 똥 · 쓸개즙 · 가래 · 고름 · 피 · 땀 · 굳기름 · 눈물 · 기름기 · 침 · 콧물 · 관절활액 · 오줌 등이 있다고. 이와 같이 안으로 몸에서 몸을 관찰하며 바라본다. 그러므로 비구는 이제 세상에 대해서 아무것도 움켜쥐지 않는다. 비구들이여, 이와 같이 비구는 몸에서 몸을 관찰하며 머문다."

몸의 안과 밖의 여러 부분들이 모이고 모여서 형성되어 있고, 겉보기에는 좋은 것처럼 보일지라도 속속들이 살펴보면 부정한 것들이 많기 때문에 더 이상 자신의 신체적 욕망이나 외모에 얽매이지 말아야 한다는 것을 분명하게 있는 그대로 알아차리게 한다. 주관적으로 바라보던 신체적 요소들을 객관적으로 낱낱이 분석하여 통찰함으로써 자신의 몸에 대한 애착을 움켜쥐지 않고 놓아버리는 자유를 자각하게 한다.

마치 오늘날 외과 의사들이 몸을 낱낱이 해부하고 해체하여 병의 원인을 찾아내듯이, 붓다께서도 몸을 객관적으로 있는 그대로 세밀하게 우리 몸 구성 구성을 통찰하게 함으로써 몸 존재의 구성을 확실하게 깨우치도록 하고 있다.

몸이 흙·물·불·바람으로 구성되어 있음을 확인

붓다는 이 몸을 단단한 뼈와 같은 흙의 성분, 피와 같은 물의 성분, 몸의 열기인 불과 같은 성분과 바람과 같은 기운의 요소로 구성되어 있다고 말씀하시면서 "만약 이러한 구성 요소를 다 내려놓고 본다면 그 무엇이 있겠는가? 비구들이여, 이와 같기 때문에 비구는 몸에서 몸을 관찰하며 머문다."고 강조하셨다.

– 자신의 몸을 있는 그대로 통찰하는 신념처(身念處)
호흡 명상: 몸을 통찰하기에 앞서서 호흡에 주의 집중하며 몸의 감각이나 마음의 산란함을 평온하고 고요하게 할 수 있는 수행 터전을 갖출 것을 가르친다.
– 몸이 움직이는 네 가지 자세[四威儀]: 비구는 걸어가면서 걷고 있다고 자각하며, 서 있으면서 서 있다고 꿰뚫어 알며, 앉아 있으면서 앉아 있다 자각하며, 누워있으면서 누워있다고 꿰뚫어 안다. 또 그의 몸이 다른 어떤 자세를 취하고 있든 그 자세대로 오직 자각할 뿐이다.
– 몸의 움직임을 분명하게 알아차림: 비구는 앞으로 나아갈 때도 뒤로 물러날 때도 분명히 알면서 행한다. 앞을 볼 때도 돌아볼 때도 분명히 알면서 행한다. 구부릴 때도 펼 때도 분명히 알면서 행한다. 가사·발우·의복을 지닐 때도 분명히 알면서 행한다. 먹을 때도 마실 때도 씹을 때도 맛볼 때도 그 순간 순간을 분명히 알면서 행한다.

몸의 32가지 부위에 대해 있는 그대로 통찰: 비구는 발바닥에서부터 위로 올라가며 그리고 머리털에서부터 아래로 내려가며 이 몸은 살갗으로 둘러싸여 있고 여러 가지 더러운 부분으로 가득 차 있음을 비추어 본다.
몸의 외부에 있는 각 요소를 있는 그대로 통찰: 오늘날 외과 의사들이 몸을 낱낱이 해부하고 해체하며, 병의 원인을 찾아내듯, 붓다께서도 몸을 객관적으로 있는 그대로 세밀하게 우리 몸의 구성 요소들을 있는 그대로 통찰한다.

여러 가지 형태의 시체 통찰

붓다는 그 당시 공동묘지에 버려진 시체의 변해가는 모습에 대해 언급하시면서 "비구들이여, 마치 묘지에 버려진 시체가 죽은 지 하루나 이틀 또는 사흘이 지난 뒤 부풀고 검푸르게 되고 문드러지는 것을 보게 될 것이다. 비구는 바로 자신의 몸을 그에 비추어 바라본다. 이 몸 또한 그와 같고, 그와 같이 될 것이며, 그것과 같은 것에서 벗어나지 못하리라."고 알아차림을 강조한다.

또다시 붓다는 시체를 까마귀 떼가 달려들어 마구 쪼아먹고(새들이 쪼아먹게 하는 조장) 별의별 벌레들이 다 달려들어 뜯어먹고, 또한 오래지 않아 묘지에 버려진 시체가 해골이 되어 뒹구는 처참한 모습을 낱낱이 설명하면서 "비구는 자신의 몸을 그에 비추어 바라본다. 이 몸도 또한 그와 같고, 그와 같이 될 것이며, 그와 같은 것에서 벗어나지 못하리라."고 알아차릴 것을 역설하고 있다.

붓다는 몸이 지향하는 근본 습성은 애욕과 갈망으로, 사물을 특히 자기 몸을 나와 나의 것이라는 잘못된 견해로 받아들임으로써, 고통으로 나아가는 길이라고 보았다. 주관적 판단이 아닌 객관적 사실을 바탕으로, 누구에게나 적용되는 것들임을 부분부분 해체하면서 세세하고 명쾌하게 밝혀주고 있다.

몸은 무상한 것, 누구나 생로병사의 고통의 흐름 속을 걸어가야 하며, 나와 나의 것이라고 할 수 있는 소유물은 없다고 하셨다. 다만 철저하게 바로 통찰함으로써 무상한 몸, 결코 영원하지 않은 몸에 대한 소유욕을 내려놓음으로써 해탈 열반의 길로 나아갈 수행을 간곡하게 권유하고 있다.

몸의 구성 성분의 요소와 사망 후의 여러 가지 형태의 통찰

몸에는 단단한 뼈와 같은 것은 흙(土)의 성분, 피와 같은 것은 물(水)의 성분, 몸의 열기인 불(火)의 성분과 힘과 같은 바람(風)의 요소로 구성되어 있다.

몸이 살아 있을 때의 애착에서, 죽어 시체가 되어서 변해가는 모습에서 무상관(그 당시는 공동묘지 부근에 시체를 놓아 동물들이 먹고 분해하도록 하는 조장)을 통찰.
시체를 까마귀 떼가 달려들어 마구 쪼아 먹고 —— 별의별 벌레들이 다 달려들어 뜯어먹고, —— 또한 오래지 않아 묘지에 버려진 시체가 해골이 되어 뒹굴고 한다. 몸이 죽어 시체가 되어 변해가는 과정을 낱낱이 보여주고 있다.

붓다는 몸이 지향하는 근본 습성은 애욕과 갈망으로, 사물을 특히 자기라고 하는 자신의 몸을 나와 나의 것이라고 잘못된 견해로 받아들임으로써, 고통으로 나아가는 길이라고 보았다. 주관적 판단이 아닌 객관적 사실을 바탕으로, 누구에게나 적용되어지는 것들임을 세세하게 부분부분 해체하면서 명쾌하게 밝혀주고 있다.

흙
물
불
바람

몸의 감각, 느낌에서 일어나는 것을 통찰하는 수념처

『대념처경』 두 번째는 몸의 감각 기관에서 받아들인 느낌의 성향에 따라서 '좋다(호好), 좋지 않다(不好), 좋은 것도 좋지 않은 것도 아니다(不好非不好 즉 무관심)'라고 하는 감각적 욕망에 대해서 강조하고 있다.

"비구는 즐거움을 느끼면서 즐거움을 느낀다고 자각한다. 괴로움을 느끼면서 괴로움을 느낀다고 꿰뚫어 안다. (중략) 안으로 느낌에서 느낌을 관찰하며 머문다. 혹은 밖으로 느낌에서 느낌을 관찰하며 머문다. 느낌이 일어나는 현상, 느낌이 사라지는 현상 등등을 관찰하며 머문다."

붓다는 감각 기관에서 받아들인 느낌에 따라서 온갖 생각과 감정들이 일어나고, 그것에 의지하여 그것을 움켜쥐고 놓지 않는 상태에 따라서 여러 가지[갈애와 사견]가 일어난다고 통찰하였다. 그래서 감각으로 받아들이는 수(vedanā)를 매우 중요하게 보았다. 몸의 감각 기관에서 그 대상인 외부의 사물을 받아들이고, 그런 과정에서 외부로 향하는 자아상이 생긴다고 강조했다.

최근에 프로이트를 비롯한 정신(심리) 분석가들도 무의식적 심리상태를 분석하여 과거의 상처들(trauma)을 찾아서, 오늘의 정신 병리 현상에 대해서 치료하는 과학적 접근과도 같다고 볼 수 있다. 몸의 감각을 통해 받아들이는 이 느낌을 분명하게 분리하여 알아차리지 않는다면, 사소한 문제에서도 과장된 반응, 회피하거나 왜곡되게 바라볼 수 있다. 왜곡된 느낌은 부정적인 반응으로 나타난다. 있는 것을 있는 그대로 보지 못하면서, 불안과 우울로 연결되기 때문에 있는 그대로 꿰뚫어 아는 감각적 느낌인 수념처를 분명하게 통찰할 필요가 있다.

수(受)는 빨리어 vedanā로, 몸의 감각 기관에서 외부의 세계를 주관적으로 받아들이는 가운데서, 자신과 사물을 왜곡하기 때문에 무명이 생기는 중요한 원인으로 보았다. 존재가 발생하는 인연 생기 과정에서도 수를 아주 중요하게 본다.

몸의 감각 기관에서 받아들인 느낌의 성향에 따라서 '좋다(호好), 좋지 않다(不好), 좋은 것도 좋지 않은 것도 아니다(不好非不好 즉 무관심)라고 받아들이는 흐름의 과정을 통찰하게 한다.

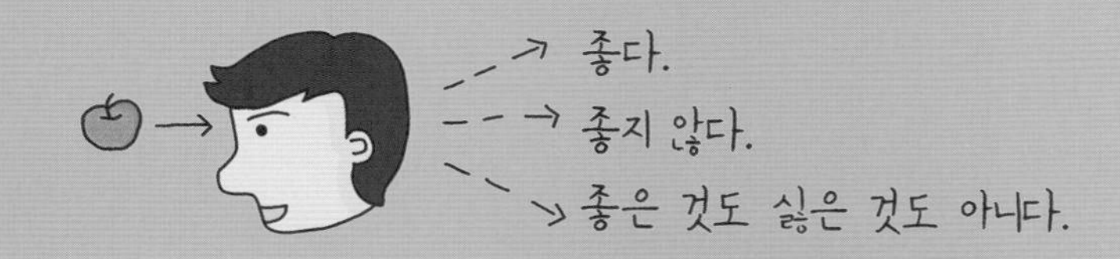

기쁘다는 느낌은 취하고자 하고, 불쾌한 느낌은 회피하거나 방어하고, 기쁘지도 불쾌하지도 않은 느낌은 무덤덤하게 받아들인다. 그러므로 이 느낌들은 고통을 만드는 애착의 원인이 되기도 하고 집착하는 취의 원인이 되기도 하면서, 동시에 일어나서 격렬하게 또는 순식간에 다른 갈망(애착)으로 바뀌기도 한다.

수에서 발생하는 것은 사람이나 사물에 대해서 과장된 반응을 하게 되고, 회피하거나 왜곡되게 바라볼 수 있다. 왜곡된 느낌에 대한 반응은 부정적 생각과 행동으로 연결되어 일상생활에서 부정적인 반응으로 나타나며, 집착으로 연결된다.

마음에서 일어나는 것을 그대로 통찰하는 심념처

누구나 자신의 마음을 잘 다스리지 못하면, 하루에도 오만(五萬) 가지 생각들이 일어나는 산란한 마음속에 살게 된다. 이런 생각은 자기 몸에서, 그리고, 몸의 감각 느낌에서, 마음에서 여러 가지 현상들로 나타난다.

붓다는 4념처(四念處) 중에서, 3번째로 마음을 잘 관찰하라고 한다. 경에서는 다음과 같이 언급하고 있다.

"비구들이여, 어떻게 비구가 마음에서 마음을 관찰하면서 머무는가? 여기에 비구는

① 탐욕이 있는 마음은 탐욕이 있는 마음이라고 자각한다. 탐욕을 여읜 마음은 탐욕을 여읜 마음이라고 자각한다.

② 성냄이 있는 마음은 성냄이 있는 마음이라 자각한다. 성냄을 여읜 마음은 성냄을 여읜 마음이라고 자각한다.

③ 미혹이 있는 마음은 미혹이 있는 마음이라 꿰뚫어 안다. 미혹을 여읜 마음은 미혹을 여읜 마음이라고 자각한다.

④ 위축된 마음이 있으면 위축된 마음이 있다고 자각한다. 산란한 마음이 있으면 산란한 마음이 있다고 자각한다.

⑤ 고귀한 마음이 있으면 고귀한 마음이 있다고 자각한다. 고귀하지 않은 마음이 있으면 고귀하지 않은 마음이 있다고 자각한다.

⑥ (아직도) 위가 남아 있는 마음이 있으면 위가 남아 있다고 자각한다. 더 이상 위가 없는 마음이 있으면 더 이상 위가 없는 마음이 있다고 자각한다.

⑦ 삼매에 든 마음이 있으면 삼매에 든 마음이 있다고 자각한다. 삼매에 들지 않는 마음이 있으면 삼매에 들지 않는 마음이 있다고 자각한다.

⑧ 해탈한 마음이 있으면 해탈한 마음이 있다고 자각한다. 해탈하지 않는 마음이 있으면 해탈하지 않는 마음이 있다고 자각한다. 이와 같이 안팎으로 마음에서 마음을 관찰하며 머문다. (중략) 이제 그는 〔갈애와 사견〕에 의지하지 않고 머문다. 그는 세상에 대해서 아무것도 움켜쥐지 않는다. 비구들이여, 이와 같이 비구는 마음에서 마음을 관찰하며 머문다."

붓다는 마음에서 일어나는 현상들을 크게 8가지로 나누었다. 그 현상들 가운데 부정적인 것과 긍정적인 것으로 구분하면서도 세세하게 낱낱이 마음에서 일어나는 것을 자각하여 알아차림을 강조하고 있다.

또한 붓다는 심념처에서 마음에서 일어나는 여러 현상들을 낱낱이 통찰하고 있다.

탐욕이 있는 마음/탐욕을 버린 마음, 성냄이 있는 마음/성냄을 버린 마음, 미혹(迷惑:마음이 산란하여 무엇에 홀림)이 있는 마음/미혹을 버린 마음, 위축된 마음/산란한 마음, 고귀한 마음/고귀한 마음을 버린 마음, 아직도 수행을 통해 올라가야 할 마음/더 이상 올라갈 곳이 없는 마음(無上心), 삼매에 든 마음/삼매에 들어가지 않는 마음, 해탈한 마음을 해탈한 마음이라 꿰뚫어 아는 마음/해탈하지 않는 마음을 해탈하지 않는 마음이라 꿰뚫어 통찰한다.

또 마음을 안으로, 밖으로 통찰하며 머물고, 안팎으로 통찰하며, 마음에서 일어나는 현상과 마음에서 사라지는 현상을 통찰하며 머문다. 마음이 '있구나!' 라고 통찰을 잘 확립하여 생생하게 그 현상을 잘 알게 된다면, 더이상 〔탐욕의 욕구(渴愛)와 잘못된 견해(邪見)〕에 의지하지 않고 머문다. 비구는 이젠 더 이상 세상에 대해서 아무것도 움켜쥐지 않고 머문다(집착을 떠나 자유롭다).

붓다의 명상은 마음을 고요히 하고, 평온한 상태에서 마음에서 일어나는 현상들을 낱낱이 마음을 챙기면서 주관적 생각으로 쫓아가는 것이 아니라, 일어난 생각 즉 마음의 현상을 머물러 지켜보는 것이다.

'마음 속에 일어나는 현상을 단지 주의를 집중해서 일어나고 있구나!' 라고 지켜본다. 한 마음, 한 생각에 더 이상 머물지 않음으로써, 〔갈애와 사견〕 즉 오만 가지 번뇌가 점차 정화되어 내려놓을 수가 있다. 그러므로 심념처 수행이 위빠사나 통찰 수행에 매우 중요하다는 것을 알 수 있다.

심념처: 마음의 현상 8가지, 오만 가지 생각이 일어나는 마음 관찰

마음속에서 잘 못 일으키는 것을 끝까지 지켜보고 통찰한다.
- 탐욕이 있는 마음과 탐욕을 여읜 마음, 성냄이 있는 마음과 성냄을 여읜 마음, 미혹한 마음이 있는 마음과 여읜 마음, 위축된 마음과 산란한 마음.

마음속에서 고귀한 생각이 일어날 때 끝까지 지켜보고 통찰한다.
- 고귀한 마음, 더 이상 버릴 것이 없는 마음, 삼매에 든 마음, 해탈한 마음

마음의 현상을 관찰하며 머문다.
- 마음에서 좋든 싫든 일어나는 마음, 마음이 사라지는 것, 마음에서 일어나는 것과 사라지는 현상을 '있구나!'하고 통찰하는 마음, 마음 챙김을 잘 확립하거나 지혜만이 '있구나!'를 끝까지 통찰하는 마음

마음에서 일어나는 현상을 낱낱이 잘 통찰하게 된다면, 더 이상 [탐욕의 욕구(渴愛)와 잘못된 견해(邪見)]에 의지하지 않고 평온하고 고요하게 무심하게 머물 수가 있다.

한 마음, 한 생각에 더 이상 머물지 않음으로써, [갈애와 사견]에서 벗어나 즉 오만 가지 번뇌에서 자유로울 수가 있다.

법이 일어나는 것을 있는 그대로 통찰하는 법념처

법념처는 몸의 감각 느낌과 일상생활에서 경험하는 근원적 현상을 통찰의 대상으로 삼는다. 우리의 마음을 혼탁하게 하는 5가지 장애인 5개(감각 욕망, 악한 생각, 게으름과 혼침, 들뜸과 회한, 의심), 나라고 집착하는 5가지 5취온(色 · 受 · 想 · 行 · 識), 몸의 6근(眼 · 耳 · 鼻 · 舌 · 身 · 意)과 그 대상인 6경(色 · 聲 · 香 · 味 · 觸 · 法)에 대한 통찰이다. 수행해야 할 대상을 꿰뚫어 자각하고 알아차리게 한다.

경에서는 다음과 같이 언급하고 있다.

"비구들이여, 어떻게 비구가 법에서 법을 관찰하며 머무는가?

① 비구들이여, 여기 비구는 다섯 가지 마음에 장애[五蓋]가 되는 법에서 법을 관찰하며 (중략) 자기에게 회의적인 의심이 있을 때 내게 의심이 있다고 자각하고, 의심이 없을 때 내게 의심이 없다고 자각한다. 위와 같이 안으로 법에서 법을 관찰하면서 머문다. 혹은 밖으로 법에서 법을 관찰하면서 머문다.

② 다시 비구들이여, 여기 비구는 [나]라고 집착하는 몸과 마음의 구성 요소인 다섯 가지 무더기[五取蘊]인 몸과 마음의 구성 요소인 법을 관찰하며 머문다. 비구들이여, 여기에 비구는 '이런 것이 물질의 모임인 몸(色)이다. 이런 것들이 모여 물질인 몸이 일어남이다. (중략) 이런 것이 의식의 사라짐이다'라고 자각하며 머문다."

여기서 ①과 ②는 수행해야 할 대상에 대해서 낱낱이 분명하게 세세하게 자각할 수 있도록 강조하고 있다. 특히 5취온은 우리의 몸과 마음의 구성 요소이지만 텅 비어 있다는 대승불교의 공사상에 큰 영향을 미치고 있다.

앞에서 본 2가지 5개(五蓋)와 5취온(五取蘊)은 통찰의 대상으로 보았다.

두 가지의 대상을 분명하게 통찰함으로써 7가지 깨달음의 구성요소[七覺支]의 법에서 법을 관찰하며 머문다. 즉 마음 챙김의 중요성을 알아차림의 염각지(念覺支), 법을 간택할 수 있는 택법각지(擇法覺支), 수행 정진이 필요하다는 것을 알고 행하는 정진각지(精進覺支), 수행함으로써 기쁨을 맛보는 희각지(喜覺支), 자신의 내면에 평안함을 얻는 경안각지(輕安覺支), 고요한 삼매를 얻는 정각지(定覺支), 분별함을 떠나서 함께 나누고자 하는 평온한 마음의 경지에 오른 사각지(捨覺支)에 도달할 수 있다는 깨달음의 구성요소들을 체득할 수가 있다.

이러한 결과로 마지막 깨달음에 나아가는 고집멸도(苦集滅道) 4성제(四聖諦)의 이치를 분명하게 확립할 대상으로 밝히고 있다.

고집멸도 4성제의 가르침은 붓다의 최초의 가르침이자 마지막 가르침이다. 괴로움의 원인은 원천적인 욕구와 갈증으로 자기 자신이나 사물을 바로 보지 못하고, 오류에 의한 무지인 무명이 원인이 되어 일어난다고 보았다.

괴로움의 원인을 알았다면 그것을 소멸할, 즉 치유할 방법인 8가지 바른 수행인 명상을 통해 완전하게 버린다면 번뇌의 불길은 사라지고, 열반의 상태로 나아갈 수 있다는 것을 강조하여 전해주고 있다.

마치 태양과 지구와 달이 자전과 공전에 의해서, 우리는 그 상태를 온전하게 바라본다고 하지만, 본래의 모습은 변함이 없다. 수행자가 수행의 상태를 초기에서 알아차린 상태를 초선(初禪)에 입문했다고 하면, 점차 수행의 힘이, 직관의 지혜로 2선(二禪), 3선(三禪), 4선(四禪)의 경지에 오른다.

즉 본래 본성의 존재는 변함이 없기에, 다만 점진적 깨달음을 언어를 빌어서 이야기할 뿐이다. 4념처(四念處)의 바른 수행은 명상가들이 반드시 행해야 할 소중한 가르침이다.

법념처는 몸의 감각 느낌과 일상생활에서 일어나고 경험하는 마음의 근원적 현상을 통찰의 대상으로 삼았다.

다섯 가지 마음의 장애[五蓋]
– 자기 자신에게 감각 욕망이 있을 때 '내게 감각 욕망이 있다. 감각 욕망이 없을 때 '내게 감각 욕망이 없다'고 자각한다.
– 자기에게 악의가 있을 때 '내게 악의가 있다.'고 꿰뚫어 알고, 악의가 없을 때 '내게 악의가 없다.'고 자각한다.
– 해태(게으름)와 혼침(정신이 혼미함)
– 들뜸과 후회 – 의심이 있어 믿지 못함

다섯 가지 무더기[五取蘊]인 몸과 마음의 구성 요소
색(色; 물질 특히 몸)·수(受; 감각에서 오는 느낌)·상(想; 과거 경험이나 상상을 통해 마음속에서 떠오르는 영상)·행(行; 무엇을 하고자 하는 의지)·식(識; 마음에서 일어나는 여러 가지 분별심)에 대해 집착하면서 내려놓지 못하고 쌓아놓은 것을 말한다.
5취온은 우리의 몸과 마음의 구성 요소이지만 텅 비어 있다는 대승불교의 공사상에 큰 영향을 미치고 있다.

깨달음에서 오는 성취: 감각적 욕망을 완전히 떨쳐버리고 또한 해로운 법[不善法]마저 떨쳐버린 뒤, 일으킨 생각[尋]과 지속적인 고찰[伺]이 있고 그것을 모두 떨쳐버림으로써 희열과 행복이 있는 초선(初禪)으로, 2선(二禪), 3선(三禪), 4선(四禪) 성취

제6장

대승불교의 명상 수행

대승 명상의 출현

대승불교가 일어난 때는 붓다가 열반에 든 후, 6~700년 후 BC 1~2세기경 용수 스님(Nagarjuna) 등이 출현하고 난 이후부터라고 흔히 말한다.

초기불교의 위빠사나 수행은 존재의 본성이 연기적 원리로 형성되어 있기에, 존재의 실체는 무상(無常: 조건에 따라 늘 변함) · 무아(無我: 그 실체가 조건에 따라 여러 요소들이 모여서 이루어져 있기 때문에 그 실체는 궁극적으로 없음)임을 확실하게 통찰할 것을 강조하였다. 다시 말해 고통의 문제를 스스로 체득함으로써(수용함으로써), 고통의 불길을 더 이상 짓지 않는 수행(치유함으로써)을 함으로써, 궁극의 목적인 열반의 경지(번뇌의 불길이 꺼진 상태)로 나아갈 수 있다는 객관적 진리체계를 완성하였다. 이는 8정도(八正道) 수행 중 첫 번째 정견(正見)에 포인트를 두고 있다.

붓다가 열반한 이후, 붓다의 위대한 가르침에 귀의하여 수행에 전념하던 북방불교 수행자들은 붓다가 가르친 그 본질적 사상 체계에 대한 탐구에 대해 관심을 가지면서도, 8정도 수행 중 정견(正見), 바른 지혜의 통찰 입장에서 정사(正思, samma sankappa) 즉 자애로운 자비심에 관심을 가지면서 서서히 자비를 실천하는 보살도를 강조하는 대승불교가 나타나기 시작했다고 필자는 본다.

대승의 보살도 수행은 6바라밀(보시, 지계, 인욕, 정진, 선정, 지혜 바라밀)을 강조한 자비행을 앞세운 수행체계로 이어졌다고 볼 수 있다. 즉 붓다의 대자비심에 귀의하고, 나보다 다른 이들의 고통을 도와주는 보살의 자비행 실천과 오직 붓다를 염송하는 염불(易行 修行, 용수 스님은 염불은 하기 쉬운 易行門이라 했고, 참선은 어려운 難行門이라고 함)을 대중에게 전파하기 시작했다.

대승불교의 태동: BC 1~2세기경

초기 상좌 불교 위빠사나 수행: 존재를 있는 그대로 해체하고 자신의 주관을 버린 객관적 분석에 의한 철저한 통찰수행인 위빠사나(vipassanā) 수행방식 8정도 중 정견에 중점을 두고 아라한과를 증득하는 데 중점을 두었다.

– 4성제 수행을 기본 삼아 존재의 고통은 무상과 무아임을 바로 알고 깨달아 열반의 경지에 오름에 있었다.

대승불교의 보살도 수행: 붓다의 대자비심에 귀의하며, 나보다 다른 이들의 고통을 해결하고 도와주는 자비행의 실천을 우선시하는 붓다의 바른 의도인 정사(正思) 수행을 중하게 여기면서 보살의 실천 수행에 역점을 두었다.

– 보살도의 수행지침: 6바라밀(보시, 지계, 인욕, 정진, 선정, 지혜 바라밀)을 수행의 기본으로 삼아 자비행을 앞세운 수행체계로 삼았다.

용수의 공(空) 명상

용수 스님은 『대지도론(대정장 25권)』에서, 중생들은 존재 자체를 근본적으로 잘못 알고 있기에, 존재 자체가 무아임을 깨우치기 어렵다고 보았다. 초기 불교에서, '나라는 존재는 없다'는 무상과 무아에 대해 명상하기 어려움을 알고, 좀 더 구체적인 설명으로 무아의 실체는 "근원적으로 일어나지도 않고(不生) · 멸하지도 않고(不滅) · 가지도 않고(不去) · 오지도 않고(不來) · 하나도 아니며(不一) · 다르지도 않으며(不異) · 쪼개지도 않으며(不斷) · 항상 존재하지도 않는(不常) 것"이라고 하는 8부중도(八不中道)의 입장으로 무아의 논리를 세웠다. 무상과 무아의 실체를 바로 보기 위해서는 일체 존재 현상은 '모두 본래의 실상이 있다, 없다.'고 하는 것을 넘어서, 텅 비어 있는 공(空)의 실체를 바로 밝혀 나아가는 8부중도의 중관적 수행 입장을 강조했다.

오늘날 과학적 실험체계에서 본다면, 모든 존재의 구성 부분은 많은 원소로 이루어져 있고, 그 바탕이 되는 원소를 다시 더 깊이 통찰해 보면 아원자로 이루어져 있으며, 양자물리학에서 물질의 본질은 소립자와 파동으로 이루어 있다는 사실과도 일치성을 보여준다.

용수 스님이 강조한 공의 가르침은 특히 『마하반야바라밀다심경』에서 볼 수 있다. 그 경의 첫머리에 "관자재보살이 5온(몸의 형상인 물질, 정신적 요소의 수 · 상 · 행 · 식)이 공하다는 것을 주의 집중하여 그 실체를 통찰하여 보면, 다만 인연법으로 이루어져 있을 뿐, 그 실체의 요소는 실체가 없어서 텅 빈 허공과 같은 것이라고 체험을 통한 직관적 지혜를 얻는다면 일체의 괴로움에서 건널 수 있다."고 하는 것을 8부중도의 입장에서 잘 표현하고 있다.

공(suññā)의 개념은 무상과 무아의 실체를 바로 직면하기 위한 존재 자체의 본질을 가르치는 용어이다.

형상의 물질에 대한 무상과 무아를 타파하기 위한 8부중도(八不中道): 무아의 실체는 근원적으로 일어나지도 않고(不生)·멸하지도 않고(不滅)·가지도 않고(不去)·오지도 않고(不來)·하나도 아니며(不一)·다르지도 않으며(不異)·쪼개지도 않으며(不斷)·항상 존재하지도 않는(不常) 것.

공(空)이라는 개념: 모으고 쌓아두고자 하는 존재의 근원적 욕구에 의해서 생겨난 것일 뿐, 그 실체의 본성을 밝히고자 하는 말. 현대 양자물리학에서 물질의 본질은 소립자와 파동으로 이루어 있다는 사실과 일치성을 보임.

공의 실천은 깨끗한 본성의 마음을 덮는 5개(五蓋)와 몸과 마음의 구성이라 집착하는 5취온(五取蘊)에서 벗어나기 위한 수행 실천

달마의 무(無) 명상

달마대사가 중국으로 들어온 시기는 서기 500년경으로, 이미 불교는 학문적 접근과 신비주의적 접근으로 널리 행하고 있었지만, 붓다의 근본 가르침인 깨달음의 수행과는 거리가 멀어 있었다. 달마대사가 중국으로 건너와 붓다께서 가르치신 근본주의로 다시 돌아가기 위한 선수행과 명상법이 보급되면서 새로운 변화의 불교운동이 일어났다.

달마 스님은 "불립문자(不立文字) 교외별전(教外別傳) 직지인심(直指人心) 견성성불(見性成佛)"을 강조하면서 문자를 세우지 않고, 경전에서 전하는 가르침을 풀어나가는 것이 아니라, 자신의 근본 본성인 마음을 바로 깨달아서, 부처의 자리에 오르는 데 있다."는 것을 한마디로 강조했다.

그리고 달마대사가 숭산 소림굴에서 벽만 쳐다보고 9년 동안 전수할 제자를 기다리던 중, 불심(佛心)의 인(印)을 전할 제자인 혜가(慧可) 스님을 만나면서 중국의 선종은 독특한 양상으로 새롭게 발달하기 시작하였다.

『역대법보기』에 보면, 달마다라(達磨多羅)는 두 제자가 한(漢)나라 땅에서 가르침을 전파해도 누구 하나 믿지 않는다는 말을 듣고 바다를 건너왔다. 양(梁)나라 무제(武帝)는 궁성 밖에까지 나가서 달마대사를 영접하며 물었다. "나는 절을 세우고 승려들을 양성하고, 경전을 베끼고, 불상(佛像)을 조성하였습니다. 큰 공덕이 아니겠습니까?" 대사가 답하기를 "아무런 공덕도 없습니다(無功德). 그 모두가 일부러 만든 선행(善行)일 뿐입니다. 참다운 공덕은 아닙니다."라고 하였다. 무제는 그 말의 뜻을 미처 알아차리지 못했다.(『대정장 51, p.180 下』)

달마대사(서기 500년경): 중국 불교의 새로운 변화, 붓다가 깨달은 존재의 본성을 통찰하여 생사로부터 자유로움 증득.

새로운 변화의 수행 풍토: 불립문자(不立文字) 교외별전(敎外別傳) 직지인심(直指人心) 견성성불(見性成佛) 문자를 세우지 않고, 경전에서 전하는 가르침을 쫓는 것이 아니라, 자신의 근본 본성인 마음을 바로 깨달아서 부처의 자리에 오르는 데 있다.

달마 이후의 중국 심(心) 명상

무엇을 얻고자 하고, 되고자 하는 것은 진정한 자신의 존재를 직관하는 불교 수행의 길이 될 수 없다고 한다. 그러므로 달마 스님은 양나라 무제에게 "존재의 본성을 깨닫는 그 길과는 아무런 관련이 없다."라는 충격 요법을 던져 주고 있다. 이 충격 요법은 언어를 뛰어넘는 수행으로, 붓다가 마하가섭존자에게 보여주었던 '염화시중 미소(拈花示衆 微笑: 붓다가 많은 이들 앞에서 한 송이 꽃을 들어 보이니, 마하가섭 존자만이 미소를 지었다.)'로 중국 선종의 화두 참구의 시발이라 할 수 있다.

달마 스님은 자신의 가르침은『능가경』에 두고 있다고 했다.『능가경』에서는 "일자무설(一字無說: 45년간 붓다가 설한 가르침이 있지만, 나는 한 글자도 말하지 않았다.)"과 "달을 가리키는 손가락을 보지 말고 손가락 넘어 달을 바로 보라고 하는 견월망지(見月忘指)"를 보여주기 때문이다.

달마 스님 아래에서 묵묵하게 시봉을 하던 혜가 스님이 눈이 펑펑 내리는 밤, 달마 스님이 계신 동굴 앞에서, 머리를 숙이고서 여쭈었다.

"스승님, 저는 마음이 불안합니다. 이 불안한 마음을 안심(安心)시켜 주십시오."라고 하였다. 이 말을 들은 달마대사가 빠르게 묻기를, "그래, 불안한 마음이 있다면 그것을 가져오너라."라고 하였다. 혜가 스님은 "조금 전까지만 해도 '스님이 한마디 법을 가르쳐 주지 않으면 어떠할까?'라고 불안한 마음을 가졌었는데, 불안심을 찾아보았으나 찾을 수 없습니다." 그때 달마대사는 "너로 하여금 내가 그 마음을 안심하게 하였느니라."라고 말하였다.

중국 선종의 화두 참구(話頭參究)의 시발: 언어를 뛰어넘는 충격 요법을 활용.
염화시중 미소(拈花示衆 微笑): 붓다가 많은 이들 앞에서 한 송이 꽃을 들어 보이니, 마하가섭 존자만 미소를 지었다고 하는 삼처전심의 한 화두가 대두함.

『능가경』에서는 "일자무설(一字無說: 45년간 가르침을 가졌지만 한 글자도 말하지 않았다.)"라고 하는 가르침과 "달을 가리키는 손가락을 보지 말고 손가락 너머의 달을 바로 보라." 견월망지(見月忘指)

무(無)라고 하는 의미는 있다는 유(有)로 대비되는 것이 아니라, 무주(無住) 즉 머물러 있지 않음, 집착이 아니라 무집착으로, 형상이 있다가 아니라 고정불변한 형상, 형체가 없다는 것을 분명히 터득하게 하기 위함.

무(無)의 강조는 "존재의 본성이 인과적 순환 속에 변화무상(無常)하며, 나라고 하는 실체가 없다는 무아(無我)의 본성임을 직관"하는 것이야말로 붓다의 가르침임을 확인시키고 있다.

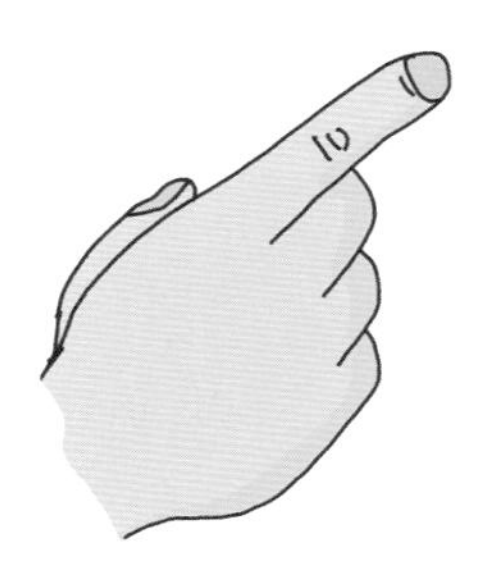

중국 선종의 무주심(無住心) 명상

중국에서 전해지는 선종은 달마 스님의 수행 법통이 전승되지만, 5조 홍인 스님과 6조 혜능 스님으로 내려오면서, 달마가 전했다는 『능가경』에서 점차 『금강반야바라밀경』을 소의경전으로 전해진다. 줄여서 『금강경』은 처음부터 끝까지 아상(我相), 인상(人相), 중생상(衆生相), 수자상(壽者相)에 집착하는 마음에서 벗어나 자아가 없다는 무아상(無我相)을 바로 통찰하기를 강조하고 있다.

위 경 서분에 "부처님에게 수보리존자가 대중 가운데 일어나 합장 공경하며 이렇게 물었다. '참으로 경이롭습니다. 부처님께서는 모든 보살을 잘 호념하시고, 법을 잘 부촉하고 계십니다. 그런데 세존(부처님의 다른 이름)이시여, 선남자 선여인 중에서 훗날 아뇩다라삼먁삼보리심(지혜의 완성 즉 붓다와 같은 깨달음을 얻고자 하는 마음)을 내서 수행을 하고자 하는 이가 있을 때, 어떻게 그 마음을 잘 머물러야 하며, 어떻게 그 마음을 잘 조복 받아야 합니까?' 라고 하고 있다."

이 경의 키 워드 중의 하나인 '응무소주 이생기심(應無所住 而生其心)' 즉 '좋다, 나쁘다, 나의 것이다.' 또한 '모양 · 소리 · 맛 · 촉감 · 법(대상)'에 대해 조금도 과거의 경험된 느낌과 생각 없이, 있는 그대로의 본성으로 나아가는 것이 가장 큰 공덕이기 때문에, 한량없는 보시행의 공덕보다 한마디의 진실한 법의 가르침이 더 훌륭함을 강조한다. 자아가 있다고 하는 욕망의 마음은 무엇이 되고자 하는 것에 마음이 머물기 때문에, 무엇에 집착한다. 반대로 욕망이 없는 존재 그 자체의 본래 본성은 밝은 지혜로 머묾이 없기 때문에 그 마음은 해탈한 마음이며, 자유로운 존재 그 자체를 소중하게 강조한다. 본래 무일물(本來無一物)의 수행 지침을 명상하게 한다.

금강반야바라밀경(金剛般若波羅密經): 5조 홍인 스님과 6조 혜능 스님으로 내려오면서 선종의 대표적인 소의경전이 됨.

핵심 질의: "수행자가 수행의 마음을 일으켰다면, 어떻게 그 마음을 머물러야 하며, 어떻게 그 마음을 항복 받아야 합니까?" 수행자는 4상(我相·人相·衆生相·壽者相)에 집착하는 마음에서 벗어나 무아상(無我相)에 머물도록 강조하고 있다.

경의 키 워드 중의 하나인 "응무소주(應無所住) 이생기심(而生其心)." 즉 좋다. 나쁘다. 나의 것이다, 또한 모양·소리·향기·맛·촉감·법(대상)에 대해 조금도 과거의 경험된 느낌과 생각 없이, 있는 그대로의 본성으로 나아가는 것이 가장 큰 공덕이기 때문에, 한량없는 보시행의 공덕보다 한마디의 진실한 법의 가르침이 더 수승하다고 강조한다.

선승들의 대표적인 화두 참구는 방하착(放下著), (의도적으로) 무엇인가 가지고자 하지 말고, 가진 것이 있다면 내려놓으라! 본래무일물(本來無一物)의 수행지침을 명상하게 했다.

모든 것을 다 내려 놓아라. 그리고 내려 놓는다는 그 마음도 잊어라.

퇴옹성철의 본성(本性) 자각 명상

최근 한국 고승 중에서 자기 존재를 바로 볼 것을 강조한 해인사 방장이시며, 종정을 지내신 성철 스님은 1982년 부처님 오신날 법어를 통해서 생생하게 우리 존재의 본성을 바로 깨우는 법문을 구구절절하게 설해 주고 있다.

〈자기를 바로 봅시다〉에서,

"자기는 본래 구원되어 있습니다. 자기가 본래 부처입니다."
(우리의 선입견적 지식으로는 도저히 이해할 수 없는 깜짝 법어이다.)

"자기는 항상 행복과 영광에 넘쳐 있습니다."
(우리의 현실은 항상 괴롭고 어려운 현실에 맞닿아 있는데 분명 우리의 육안으로는 도저히 이해할 수 없다.)

"극락과 천당은 꿈속의 잠꼬대입니다."
(자기 존재를 바로 보지 못한 사람에게는 점점 이해하기 어려운 법어이다.)

"자기는 시간과 공간을 초월하여 영원하고 무한합니다."
(우리의 존재는 생로병사로 끊임없이 무상한 존재임에도 불구하고~)

"설사 허공이 무너지고, 땅이 없어져도 자기는 항상 변함이 없습니다."
(붓다의 교법 핵심인 3법인에서 무상·고·무아마저 부정하고 있다.)

"유형(有形), 무형(無形) 할 것 없이 우주의 삼라만상이 모두 자기입니다.
모든 진리는 자기 속에 구비되어 있습니다."
(만약에 자기 밖에서 진리를 구하면, 이는 바다 밖에서 물을 구함과 같다.)

"부처님은 이 세상을 구원하러 오신 것이 아니요. 이 세상이 본래 구원되어 있음을 가르쳐주려고 오셨습니다."
(명상 수행의 본질은 존재의 본질을 있는 그대로 보아서, 본래 청정한 본성에 깨어 있을 것을 강조하고 있다.)

성철 스님의 자기 존재 바로 보기 법문(般若經 空의 입장에서):
자기는 본래 구원되어 있습니다. 자기가 본래 부처입니다.(우리의 선입견적 지식으로는 도저히 이해할 수 없는 깜짝 법어이다.)

자기는 항상 행복과 영광에 넘쳐 있습니다.(우리의 현실은 항상 괴롭고 어려운 현실에 맞닿아 있는데 분명 우리의 육안으로는 도저히 이해할 수 없다.)

설사 허공이 무너지고, 땅이 없어져도 자기는 항상 변함이 없습니다.
(붓다의 교법 핵심인 3법인에서, 무상·고·무아마저 부정하고 있다.)

명상 수행의 본질: 존재의 본질을 있는 그대로 보아서 행·불행이 인연에 따라 형성된 물질적인 현 상황을 넘어선, 본래 청정한 본성에 깨어 있을 것을 강조하고 있다.

숭산행원의 무지(無知) 자각 명상

숭산 스님은 일본을 거쳐 세계적인 지식인이 많이 모여 살고 있는 미국 동부 지역을 중심으로 1966년 이후 30년 동안, 세계 30여 개국 120여 곳에 수행 분원인 홍법원 및 선원을 개설하여 한국 불교의 선을 세계에 전파하신 대표적인 스님이시다. 스님은 애초부터 영어가 익숙하지 못했기에, 미국에서 일상생활을 영위하기 위해 보스톤 인근 프로비던스에서 세탁기 수리 가게 점원으로 일하고 있었다.

존 카밧진은 숭산 스님과의 만남에서 다음과 같이 말했다.

"대선사님은 아주 매력적인 무언가가 있는 분이었다. 선의 대가이지만 세탁기 수리도 아주 즐겁게 하고 계셨다. 어떤 뽐내는 태도나 자만심이 없이 완전 삭발에 하얀 고무신, 너덜너덜해 보이는 갈색 가사를 입고, '엉터리 영어와 한국어를 섞어서 설법을 하셨다. 그런데 그 엉터리 영어에 미국의 젊은이들이 매료됐다. 지적 능력으로 따지면, 세계 최고인 하버드의 공부벌레들이 말이다."〔https://blog.naver.com/kwonbongsook〕

정신과 의사인 마크 엡스타인은 "선사는 학생들에게 세게 던지는 방법으로 이미 명성이 높았다. 학생들이 자신의 무지를 인정할 때까지 그렇게 질문한 후, '그 모른다는 마음을 계속 가지고 있으라!' 라고 하셨다."(『Thoughts Without a Thinker』)고 했다.

스님의 유명한 가르침의 핵심 화두는, "I do not only know(오직 모를 뿐)", 알고 있는 지식이 많다고 하여도 자신의 본성을 깨우치지 못한다면 그림의 떡을 먹고자 함과 같다는 뜻이다.

숭산행원 스님은 1966년 이후 30년 동안 세계 30여 개 국 120여 곳에 수행 분원인 홍법원 및 선원을 개설하였다.
한국 전통 선맥을 이어가고 있는 수덕사 선문에서 수학하였으며, 그 수행법을 미국의 지식인들이 많은 동부지역에서 활동하며 전함.
스님의 핵심 가르침은 많이 알고 있는 지식을 추구하는 이들에게 자신의 존재 본성에 대한 무지를 깨우칠 것을 강조했다.
핵심 화두 : 오직 모를 뿐 "I do not only know."

정신과 의사인 마크 엡스타인은
"선사는 학생들에게 세게 던지는 방법으로 이미 명성이 높았다. 학생들이 자신의 무지를 인정할 때까지 그렇게 질문한 후, '그 모른다는 마음을 계속 가지고 있으라!'라고 하셨다."

제7장

평상의 10가지 방법 사례

1-1 명상 수행의 기초, 좌선

우리는 평소 늘 움직이면서 살아가고 있기 때문에, 우두커니 앉아 있기가 힘이 든다. 특히 호흡에 주의 집중해서 관찰하며 앉아 있는 것은 더욱 힘이 든다. 그래서 명상 자세가 어렵다는 이들이 많다.

이는 곧 평상시 허리를 꾸부리고 자세를 엉거주춤, 몸을 자유롭게 하다가 가부좌나 반가부좌를 하고서 곧게 허리를 펴고 앉아 있는 습관이 부족하기 때문이다.

명상을 할 때의 자세는 머리, 목, 그리고 등을 똑바로 세운 채 꼿꼿한 자세를 취해야 한다. 목과 어깨에 긴장함이 없이, 편안하게 가슴을 열고, 앉은 자세는 호흡을 편안하게 하고, 혈액 순환이 잘 되고 머리에 맑은 피를 많이 공급할 수 있도록 하며, 느슨한 옷을 입는다. 명상의 온전한 자세는 결가부좌 자세이다. 결가부좌 자세는 몸을 결박함으로써 마음의 흔들림을 막아준다. 처음 하는 이들은 조금씩 시간을 늘리는 것이 좋다.

기초 명상을 위한 준비 단계 : 참된 자기 만나기

1. 편안한 옷을 입고, 두터운 방석을 깔고, 가부좌나 반가부좌로 앉는다.
2. 좌선 자세를 하기 전, 몸을 가볍게 이완시킨다. 허리-목-어깨-다리 순으로
3. 좌선 자세로 앉게 되면, 입을 가볍게 다물고, 어금니를 살짝 머금고, 혀를 말아 입천장에 갖다 댄다. 혀를 말아서 입천장에 대는 것은 코로 숨을 쉬는 데 도움을 받기 위함이다.
4. 천천히 코로 들숨 날숨 하는 것을 알아차리면서 마음을 가라앉힌다.

명상 수행의 기초 좌선: 몸을 결박함으로써 마음의 산란함을 막을 수 있다.

기초 명상을 위한 준비 단계(참된 자기 만나기): 느슨한 옷을 입고, 방석 위에 몸을 좌우로 이완하면서 앉는다.
좌선 자세로 앉게 되면, 입을 가볍게 다물고, 어금니를 살짝 머금고, 혀를 말아 입천장에 갖다 댄다. 혀를 말아 입천장에 대면 코로 숨을 쉽게 쉬는 데 도움을 받는다.

– 좌선 자세에 가장 좋은 결가부좌: 방석 위에 곧게 허리를 펴고, 두 다리를 포개어 앉으며 무릎은 서로 일렬로 한다. 뒤쪽 엉덩이 부분이 살짝 높게 하며, 오른손은 밑으로 왼손은 위에 연화 결인을 하고, 뒤 엉덩이 부분을 살짝 뒤로 빼고, 배꼽을 앞으로 내밀고 앉는다.
– 몸의 고정: 턱을 당기고, 가슴을 열고, 두 어깨가 평행 되게 그리고 힘을 빼고, 혀를 말아 입천장에 붙이고, 어금니는 물고, 눈을 살짝 감고 나서, 편안한 자세가 되도록 좌우로, 앞뒤로 살짝 흔들어 몸을 고정시킨 뒤에 명상에 들어간다.

1-2 좌선의 방법 / 결가부좌, 반가부좌, 평좌

결가부좌 : 방석 위에 허리를 곧게 펴고, 두 다리를 포개어 앉으며 무릎은 서로 일열로 한다. 뒤쪽 엉덩이 부분이 살짝 높게 하며, 오른손은 밑으로 왼손은 위에 연화 결인을 하고, 뒤 엉덩이 부분을 살짝 뒤로 빼고, 배꼽을 앞으로 내민다. 턱을 당기고, 가슴을 열고, 두 어깨가 평행이 되게 하고, 힘을 빼고, 혀를 말아 입천장에 붙이고, 어금니는 물고, 눈을 살짝 감고 나서, 편안한 자세가 되도록 좌우로, 앞뒤로 살짝 흔들어 몸을 고정시킨 뒤에 명상에 들어간다.

허리를 곧게 펴는 것은 호흡이 깊게 천천히, 머리의 뇌수가 쉽게 오르고 내리게 한다. 머리를 맑게 하고 허리의 신경계가 눌리지 않도록 함으로써, 건강을 유지할 수 있는 힘이 생긴다. 엉덩이 뒤쪽에 방석을 깔고, 양쪽 무릎이 바닥에 닿게 하여 안정된 삼각형을 유지한다.

반가부좌 : 몸의 자세는 결가부좌와 동일하다. 다만 다리 부분에서 한쪽 발만 무릎 위에 놓아서 초보자가 좀 더 편안하게 앉을 수 있는 자세다.

평좌 : 양다리와 무릎이 방석에 닿은 채 왼발 또는 오른발을 앞에 둔다. 의자에 앉을 때도 등을 곧게 펴고 다리는 안정되게 포개 놓는다.

특히 결가부좌 자세가 집중하는 데 제일 좋은 자세이다. 기혈 순환도 제일 잘 된다. 초심자는 다리가 아파서 쉽게 할 수 없지만, 매일 매일 조금씩 시간을 갖고 하다 보면 점차 좋아진다.

좌선에 가장 좋은 자세는 결가부좌: 방석 위에 허리를 곧게 펴고, 두 다리를 포개어 앉으며 무릎은 서로 일렬로 한다. 뒤쪽 엉덩이 부분이 살짝 높게 하며, 오른손은 밑으로 왼손은 위에 연화 결인을 하고, 뒤 엉덩이 부분을 살짝 뒤로 빼고, 배꼽을 앞으로 내밀고 앉는다.

반가부좌: 몸의 자세는 결가부좌와 동일하다. 다만 다리 부분에서 한쪽 발만 무릎 위에 놓아서 좀 더 초보자가 편안하게 앉을 수 있는 자세다.

평좌: 양다리와 무릎이 방석에 닿은 채 왼발 또는 오른발을 앞에 둔다. 의자에 앉을 때도 등을 곧게 펴고 다리는 안정되게 포개 놓는다.

좌선 시작 전 이완 운동: 몸의 긴장을 풀거나, 몸이 굳어 있는 사람에게 몸을 이완시켜줄 수 있는 요가 동작과 스트레칭은 좌선의 바른 자세를 오래 취할 수 있으며, 보다 빨리 깊은 명상으로 들어갈 수 있다.

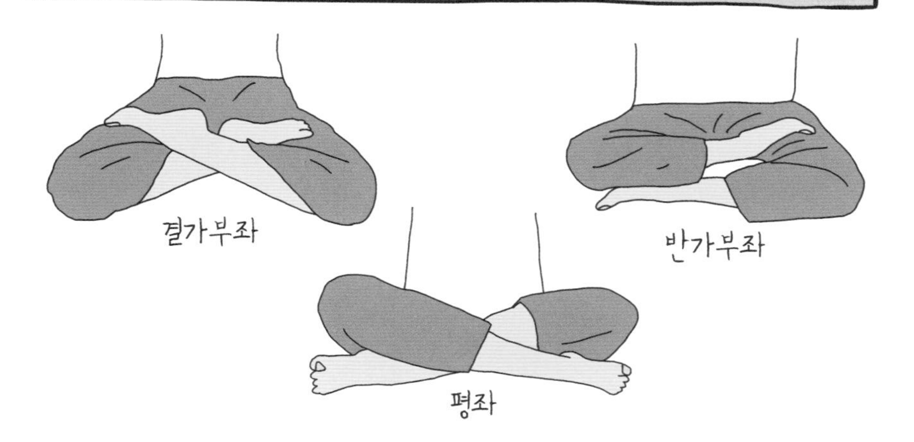

2-1 걷기 명상

걷기 명상은 걷는 것 자체에 의도적으로 의식을 집중한다. 발과 다리에서 일어나는 감각과 몸에서 느끼는 감각을 번갈아 가면서, 주의 집중해서 알아차림한다. 우리는 너무나 쉽게 몸을 움직이고 있어서 몸의 움직임에 대해 깊이 생각하지 않는다. 그러나 조금만 주의를 가지고 걷다 보면 자각 없이 무의식적으로 걷고 있음을 알게 된다.

모든 움직이는 개체들은 태어나는 즉시, 탄생 순간부터 본능적으로 몸을 움직이며, 생존을 위해 보호자를 찾아 나선다. 사람도 예외는 아니다. 꿈틀거리는 순간부터 생존에 대한 강한 의도(의지)를 가진다.

이것은 신체의 감각 기관인 6근인 보는 눈, 듣는 귀, 냄새를 맡는 코, 맛을 아는 입, 몸에 닿는 감촉을 알아차리는 피부, 분별을 일으키는 의식을 통해서 그것을 충족하고자 조건 없이 움직인다.

우리가 늘 지니고 있는 몸은 눈앞에 있고, 몸의 구성요소들에 의해 경험한 생각들이 모여서, 그 생각들로 세상을 바라보기 때문에, 객관적으로 존재의 실체를 있는 그대로 볼 수 없다. 그러므로 우리는 자신이 경험한 세상 속의 굴레에서 빠져나오기 어렵다.

붓다는 몸이 경험한 습관에 종속되어 무의식적으로 나아갈 것이 아니라, 현재 지금 일어나고 있는 '좋다, 나쁘다'라고 하는 감각 느낌부터 생각이나 의도, 판단 분별을 멈추어서 바라보고, 있는 그대로 객관화시켜서 지켜보는 명상적 통찰을 수행의 중심으로 강조한다.

걷기 명상 : 걷는 것 자체에 의도적으로 의식을 집중한다. 발과 다리에서 일어나는 감각과 몸에서 느끼는 감각을 번갈아 가면서, 주의 집중해서 알아차림한다.

움직이는 개체들은 몸을 꿈틀거리는 순간부터, 생존에 대한 강한 의도(의지)를 가지고 움직이기 시작한다.

불교에서 움직임은 5온(五蘊 : 色-몸, 受-감각 느낌, 想-인식의 작용 생각, 行-의지의 작용, 識-분별 판단 분석 작용)을 쫓아 움직이기 시작하기 때문에 무의식·습관적으로 움직인다.

몸이 경험한 습관에 종속되어 무의식적으로 나아갈 것이 아니라, 현재 지금 일어나고 있는 '좋다, 나쁘다'는 감각 느낌부터, 생각이나 의도, 판단 분별을 멈추어 바라보고, 있는 그대로 객관화시켜서 지켜보고 알아차림 하는 것이 명상적 통찰 수행이다.

2-2 걷기 명상의 방법 ①

호흡 명상이 들숨 날숨에 주의 집중하여, 깨어 있는 알아차림을 강조하듯이, 걷기 명상도 지금 이 순간 이 세상에서 맨 처음 몸 움직임의 의도를 호기심을 갖고, 분명하게 알아차리기 위해서 멈추어서 지켜보고, 한 발 한 발 앞으로 나아가고 걸어가고 있는 발바닥 감각에 주의 집중함으로써 생각의 굴레에서 벗어나, 마음을 주의 집중하는 명상으로 행하는 것을 강조한다.

걷기 명상은 가만히 서 있는 것으로 시작하여 몸에 온전히 주의를 집중한다. 허리를 펴고 서서, 다리를 어깨너비만큼 벌리고, 온전하게 서 있는 감각을 알아차리면서 서 있는 자세를 잠시 취한다. 그리고 양발이 땅바닥에 닿을 때 느껴지는 무게를 의식하고 잠시 땅 위에 서 있는 몸을 알아차린다.

서 있는 자세를 바르게 하고, 들숨 날숨에 주의 집중하는 명상은 몸의 이완뿐만 아니라 다리의 근력을 키우는데도 아주 좋다. 양다리에 힘을 느낄 때, 허리는 꼿꼿하게 세우고, 턱은 앞으로 살짝 당기고, 머리는 가볍게 한다.

이제 한 발이 앞으로 나아가겠다는 의도를 알아차리고, 한 발을 들어 올리고 주의하여 움직이며, 주의하여 앞에 내려놓고, 주의하여 체중을 한 발로 옮긴다. 잠시 멈추었다가 또 한 발이 앞으로 나아가겠다는 의도를 알아차리면서 잠시 멈추었다가 반대쪽 발로 이 과정을 반복한다. 첫발을 움직이기 전에 숨을 들이쉬고, 앞으로 나아가 땅바닥에 내려놓을 때, 숨을 내쉬기도 한다. 또 의식을 발에 집중하고자 한다면, 들어 올릴 때 '올린다. 올린다. 올린다'라고 생각하고, 발을 내려놓을 때, '내려놓는다.'라고 하는 생각을 한다. 그리고 땅바닥에 내려놓는 발바닥의 느낌을 충분하게 느껴본다.

걷기 명상 방법: 이 세상에서 처음으로, 호기심을 갖고 걷는 것처럼, 온전히 발의 움직임을 주의 집중하며 지켜본다.

걷기 명상은 가만히 서 있는 것으로 시작하며 몸에 온전히 주의를 집중한다. 다리를 어깨너비만큼 벌리고, 온전하게 서 있는 감각을 알아차리면서 서 있는 자세를 취한다.

의식을 발에 집중하고자 한다면, 발을 들어 올릴 때 '올린다. 올린다. 올린다'라고 생각하고, 발을 내려놓을 때, '내려놓는다. 내려놓는다.' 라고 하면서 발의 감각에 집중한다.

발의 감각에 세밀하게 주의 집중해야 하며, 분명하게 알아차림 하지 않으면, 언제 어디서 또다시 생각이 무의식적으로 올라와서 주의 집중을 깨뜨릴지 모른다.

2-3 걷기 명상의 방법 ②

붓다께서는 명상의 구체적 방법으로, 몸의 4가지 자세 "걷고 있음, 앉아 있음, 누워 있음, 서 있음"을 분명하게 알아차림을 강조하셨다.

붓다의 대표적인 명상은 지금 현재 자신이 행하고 있는 것들을 분명하게 알아차리고[sati: 현대어로 자각(awareness), 주의 집중(attention), 마음챙김(mindfulness)], 머물기[samatha: 고요, 평온한 상태], 선정[samādhi] 지켜보기, 통찰[vipassanā: vi-거리두기, 떨어져서, passanā-보다로, 일정한 거리를 두고 보다]이라는 대표적 용어들을 사용한다.

『대념처경』에 "수행자는 걸어가면서 걷고 있다고 자각하고, 서 있으면 서 있다고 자각하고, 앉아 있으면 앉아 있다고 자각하고, 누워 있으면 누워 있다고 자각한다. 또 그의 몸이 어떤 자세를 취하고 있든 그 자세를 자각한다."라고 설했듯이 걸어가겠다는 의도를 먼저 알아차리고, 걸어가는 순간은 걷고 있다고 그 순간을 자각하고, 서 있으면 서 있다고 알아차리고 자각한다.

걷기 명상은 순간순간 무의식적으로 나아감이 아니라, 분명하게 깨어 있음을 강조한다. 이는 곧 걸어갈 때 몸에서 일어나는 감각을 내적으로 관찰하는 능력을 키운다. 또 "서 있으면 서 있다고, 앉아 있으면 앉아 있다고, 누워 있으면 누워 있다고, 순간순간 몸에서 몸을 자각하는 수행이 지속된다면 있는 것을 있는 그대로 통찰할 뿐, 주관적 경험으로 받아들인 것들을 더 이상 움켜쥐고 집착하지 않는다.

걷기 명상은 존재의 본성을 있는 그대로 볼 수 있는 중요한 명상 방법 중 하나이다. 특히 마음이 불안하고 산만한 사람들에게는 좌선보다 걷기 명상을 권한다.

걷기 명상에서 위빠사나 통찰로, "걷고 있음, 앉아 있음, 누워 있음, 서 있음" 에 대한 몸의 움직임을 순간순간 분명하게 알아차림을 강조한다.

순간순간 몸에서 몸을 자각하는 수행이 지속된다면, 있는 것을 있는 그대로 통찰할 뿐, 주관적 경험으로 받아들인 것들을 더이상 움켜쥐고 집착하지 않는다.

마음이 불안하고 산만한 사람들에게는 좌선보다 걷기 명상 체험을 요구한다.

2-4 걷기 명상의 공간 활용

걷기 명상은 여러 명이 함께할 때는 야외에서 할 수도 있지만 야외에서 산책하듯이 하는 것보다 실내 조용한 공간에서 주의 집중을 하면서 하는 것이 더 좋다. 혼자서 조용하게 주의 집중을 하면서 할 수도 있다. 걷기 명상이 좌선하는 것보다는 쉽다고 할 수도 있지만, 한 발 한 발 걸어가며 걷는 발 감각에 주의 집중하며 하는 것이 결코 쉬운 것은 아니다. 또한 걷기 명상은 좌선과 병행해서 하는 것도 좋다.

걷기 명상은 좀 더 빠르게 걷기를 하면서 몸 전체로 의식을 집중하면서 걷기 명상을 할 수 있다. 몸이 경직되어 있거나 소화에 장애를 받는다면 가벼운 걸음으로 몸의 이완을 통해 소화 기능 등을 돕고, 몸의 근력을 키우는 데도 도움을 받을 수 있다. 최근 걷기를 할 때 몸의 기능을 향상시킬 수 있다는 여러 통계들을 볼 수 있다.

특히 좁은 공간에서 걷기 명상을 할 때는 걷는 순간순간을 천천히 천천히, 발 감각에 주의 집중하되, 멈추고 돌아서는 순간은 몇 초간 서 있는 위치에서 자신의 몸 전체를 의식하면서 '서 있다, 서 있다'고 마음속으로 작게 말한다. 또 돌아설 때는 '돌아선다, 돌아선다'라고 말하면서 돌아서기를 한다. 이렇게 세밀하게 주의 집중하면서 분명하게 알아차림 하지 않으면, 언제 어디서 또다시 생각이 무의식적으로 올라와서 주의 집중을 깨뜨릴 수가 있다.

현재의 수행 공간에서 주의 집중이 한순간만이라도 이루어진다면 마음은 휴식의 공간에 나아가기 때문에 평온함을 얻게 되고, 사물의 존재를 있는 그대로 볼 수 있는 지혜의 문이 직관적으로 열린다.

걷기 명상의 공간 활용 : 야외에서 여러 명이 함께, 좁은 공간에서는 혼자서 천천히 한 발 한 발이 움직일 때 주의 집중을 한다.

좌선을 하고 난 후 다리를 이완하기 위해서 병행해서 하는 것도 좋다.

좁은 공간에서 걷기 명상을 할 때는 걷는 순간순간을 천천히 천천히, 발 감각에 주의 집중하며, 멈추고 돌아서는 순간은 몇 초간 서 있는 위치에서 자기 몸 전체를 의식하면서 주의 집중하면서 걷기 명상을 활용할 수가 있다.

3-1 자애 명상의 뜻

붓다의 명상은 무엇보다 지혜를 밝혀 괴로움에서 벗어나 자유로움을 얻고자 하는 데 있지만, 동시에 자애의 마음을 키워 모든 존재에게 자비심을 베풀고 개발하는 데 있다.

자애란 한없이 부드럽고 온화한 마음이다. 갓 태어난 아이를 돌보는 것처럼, 혹은 깨지기 쉬운 물건을 몸에 지니고, 품에 안고 있는 것과 같다. 자애란 자신뿐만 아니라 타인에 대해서 친절과 수용으로 받아들이는 것이다.

자애의 자비심은 붓다의 최초 가르침인 고집멸도 4성제 중 도성제인 8정도 수행 가운데 지혜를 성장하게 하는 정견(正見)과 정사(正思) 중 정사에 해당한다. 정견이 사물을 객관적으로, 있는 그대로 통찰하는 지혜에 해당한다면, 정사는 정견을 통해 이 세상의 대상이 둘이 아닌 하나의 공동체로 연결된 하나의 몸이기 때문에, 자애와 자비로 수용하여 그것을 실행하도록 하는 데 있다.

자애 명상의 시작은 자애심을 체계적으로 기르는 것이다. 자애란 생명 있는 모든 존재(중생)가 행복하고 평화롭기를 바라는 좋은 의지를 말한다. 자비희사(慈悲喜捨)의 4무량심(四無量心) 또는 4범주(四梵住) 가운데 첫 번째 덕목이기도 하다. 모든 존재들의 행복을 바라는 자(慈, mettā), 괴로움에서 벗어나기를 바라는 연민인 비(悲, karuṇā), 타인이 잘되고 행복해진 것을 더불어 기뻐하는 마음인 희(喜, muditā), 평정한 마음인 사(捨, upekkhā)가 4무량심이다. 이 자애 명상은 마음속의 악의나 분노를 다스리는 수행법으로 제시되고 있다.

– 자애 명상은 자애의 마음을 키워 자신의 존재나 다른 모든 존재에게 자비심을 베풀고자 개발하고자 하는 데 있다.
– 자애 명상의 시작은 자애심을 체계적으로 기르는 것이다.

– 자애의 자비심은 붓다의 최초 가르침 고집멸도 4성제 중 도성제인 8정도 수행 중, 지혜를 성장하게 하는 정견(正見)과 자애로움을 키우는 정사(正思)에 해당한다.

자애란, 자비희사(慈悲喜捨)의 4무량심(四無量心)이며, 모든 존재의 행복을 바라는 자(慈, mettā), 괴로움에서 벗어나기를 바라는 연민인 비(悲, karunā), 타인이 잘되고 행복해진 것을 더불어 기뻐하는 마음인 희(喜, muditā), 평정한 마음인 사(捨, upekkhā)가 4무량심이다.

자애 명상은 마음속의 악의나 분노를 다스리는 수행법으로 제시되고 있다.

3-2 자애 마음 키우기

숫따니빠따 151번째 게송 - "걷거나 눕거나 깨어 있거나, 그 자체를 알아차려서 자애의 마음을 굳게 지니라. 이것이 거룩함에 머무르는 것이다."

'여기서 자애의 마음을 굳게 지니라'라고 하는 것은 탐욕과 분노의 마음을 지니고 있다면 이것을 확고하게 알아차리고, 스스로 자각하여 자애의 마음에 머물 것을 강조하는 것이다. 또한 늘 "저는 당신이 행복하기를, 저는 당신이 안락하기를, 저는 당신이 평안하기를 기도합니다."라고 명상한다.

수행자가 자애 명상을 병행하여 수행한다면, 안정된 마음에서 자기의 몸과 마음을 관찰하기 쉽고, 세상에 대해서 감성 지능이 높아지면서 평온하고 행복감이 충만해진다. 최근 서양 심리학계에서 보통 사람들의 행복에 대해 다루는 긍정 심리학(Positive psychology)의 긍정적 정서(행복, 주관적 안녕감 등)와 긍정적 특질(강점)을 기르고, 긍정적 조직을 형성하게 해 주는 실제적인 명상법으로 활용하고 있다.

자애심을 키워나가는 『자애경(Metta Sutta)』은 아주 짧은 경이지만, 일상에서 독송용으로 유명한 보석과 같은 경전이다. 이 내용을 노래로도 전해주는 자애송(慈愛頌)이 있다.

자애의 마음을 굳게 지키기: 걷거나 눕거나 깨어 있거나, 그 자체를 알아차려서 자애의 마음을 굳게 지니라. 이것이 거룩함에 머무르는 수행이라고 강조한다.

자애심을 키워나가는 『자애경 Metta Sutta』은 아주 짧은 경이지만, 일상에서 독송용으로 유명한 보석과 같은 경전이다. 또한 오래전부터 노래로도 전해주는 자애송(慈愛頌)이 있다.

명상을 수행하는 자가 자애 명상을 병행하며 수행한다면, 안정된 마음에서 자기의 몸과 마음을 관찰하기 쉽고, 세상에 대해서 감성 지능이 높아지면서, 평온하고 행복감이 충만해진다.

3-3 자애 명상의 실천

자애 명상은 자기를 사랑하는 것에서부터 출발한다. 이 세상에서 가장 사랑하는 이는 자기 자신이다. 우리가 쉽게 자애 명상에 들어가지 못하는 것은 과거에 경험한 정신적 상처인 욕망과 분노가 마음속에 깊이 남아 있기 때문이다. 부드럽고 고요한 명상 자세로 들숨 날숨의 호흡에 집중하고, 그리고 심장으로, 복부로 친절과 사랑의 이미지와 느낌을 불러일으켜 그것들이 당신의 존재 전체를 채울 때까지 확산시킨다.

자애 명상 순서는 먼저 자기 자신부터 시작한다. 자기에 대해서 미워했거나 원망했던 것들에 대해 용서하고, 스스로 자애로움을 받을 가치가 있는 존재임을 인정하고 존중하면서 따뜻한 시선으로 자기를 지켜본다. 자기를 소중히 여기는 마음으로 스스로 진리를 찾으려면 우선 세상의 괴로움을 속속들이 알면서도 붓다의 얼굴처럼 여전히 자비에 넘치는 자기 모습을 떠올린 다음에 '모든 장애와 고통에서 벗어나 행복해지기를!' 이라는 서원을 내면에 가득 채운다. 그러면 마침내 가득 찬 물이 흘러넘치듯이 사방으로 자애의 에너지가 방출될 준비를 한다.

반복적으로 자애 명상 구절을 암송하는 것은 마음을 새롭게 변화시키는 과정이 된다. 모든 존재를 위해 자비로운 생각, 선한 의도로 마음 안에 가득 채우는 것이다. 그다음, 나를 위하여 기도했던 대로 존경하는 스승, 부모님, 나와 인연 있는 친척과 이웃 사람들, 심지어 미워했던 사람들, 이 세상 모든 이들을 위해 자애로운 마음을 방출한다.

*자애 명상 제외 대상: 애착을 가진 이성 관계자, 이 세상에 존재하지 않는 자.

자애 명상의 실천

먼저 자기 자신을 사랑하는 것에서부터 출발한다. 이 세상에서 가장 사랑하는 이는 자기 자신이기 때문이다.

- 부드럽고 고요한 명상 자세로 들숨 날숨의 호흡에 집중하고, 그리고 심장으로, 복부로 친절과 사랑의 이미지나 느낌을 불러일으켜, 그것들이 당신의 전체의 존재를 채울 때까지 확산시키면서 수행한다.

- 자신에게 자애로운 마음을 보낸 후, 그다음 첫 단계는 존경하는 스승님들, 사랑하는 부모님과 형제자매, 그다음 단계는 자신과 알고 지냈던 일가친지, 이웃 사람들, 그다음 다음 단계는 우리와 함께하는 모든 존재, 그리고 심지어 자신을 미워하는 사람들이나 자신이 미워했던 모든 이들을 위해 자애의 마음을 마음속 깊이 가지면서 보낸다.

4-1 감성 지능을 키우는 바디 스캔 명상

몸의 감각 기관을 한 부분 한 부분 스캔하듯이 있는 그대로 지켜볼 수 있으면, 몸과 마음이 동시에 이완되고 치유의 효과가 있기에 바디 스캔을 명상에 적극 응용하고 있다.

심신 건강의 대가로 알려진 허버트 벤슨(Herbert Benson)은 현대인들이 일상생활 속에서 스트레스가 난무하는 괴로운 시대에 살고 있다고 보았다. 누구나 스트레스를 잘 관리해야만 무서운 질병을 예방할 수 있으며, 질병의 악화로부터 건강을 되찾을 수 있다고 보았다. 그는 동양 전통의 명상이 스트레스를 해결하는 데 매우 유용하다고 보았다.〔Herbert Benson,『이완반응(Relaxation-Response)』, 1975〕

존 카밧진〔Jon Kabat-Zinn,『마음챙김 명상과 자기 치유(Full Catastrophe Living)』, 장현갑 역, 2005〕은 명상을 통합 심신의학 치유 공식 수행 프로그램으로 시행, 명상의 보급에 큰 역할을 한 대표적 인물이다.

그는 스트레스에서 이완으로 나아가기 위해 8주 공식 명상 프로그램 동안, 첫 1~2주는 바디 스캔 명상을 매일 45분씩 하며, 명상할 때 감각 스캔으로 멘트를 유도하며, 그 후 호흡을 자각하며 앉아 있기, 하루 10분씩 실습을 통해 점차 확장을 강조한다.

여기에서 중요한 것은 순간으로 되돌아오기를 계속하는 것이다. 즉 현재에 존재하기와 아무것도 하지 않는 무위의 시간을 마련하는 것이다. 명상은 계속하되 무엇을 생각하게 하지 않고, 지금 이 순간으로 단지 머물기를 강조한다. 심지어 '호흡을 지켜보기에 관한 지시'도 하지 않는다.

바디 스캔: 몸의 감각 기관을 한 부분 한 부분씩 스캔하듯이 자기 몸을 있는 그대로 지켜보는 명상이다.

허버트 벤슨(Herbert Benson): 몸을 이완하는 훈련은 스트레스를 약화시키고 몸의 건강을 회복시키는 좋은 방법으로 보았다. 『이완반응(Relaxation Response)』, 1975

존 카밧진(Jon Kabat-Zinn): 명상을 활용한 통합 심신의학 치유로 공식 수행 프로그램을 병원에서 환자 치유에 최초로 활용
- 8주 공식 프로그램에서 초기 2주 동안 아무것도 하지 않고 이 순간에 머묾, 자신의 몸 스캔 2주 동안 강조)
- 수행은 계속하되, 무엇을 생각하지 않고, 지금 이 순간으로 돌아오기를 강조
당신의 호흡과 '함께 존재하고, '그것을 지켜보며, '그것을 느끼라.'

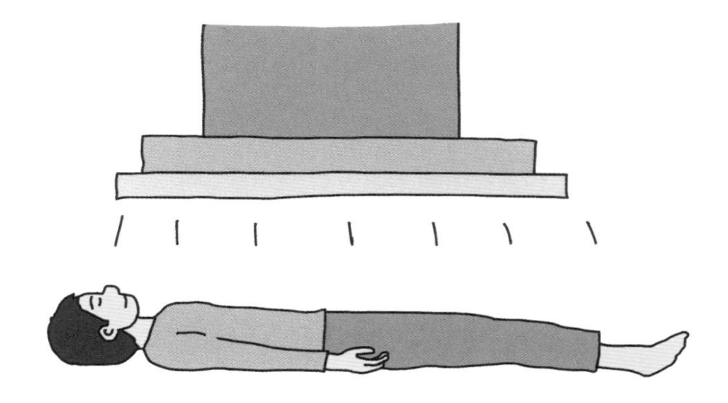

4-2 바디 스캔 명상 실습 ①

바디 스캔 명상 실습 전 긴장된 몸과 마음의 이완을 위해 몸을 풀어주는 가벼운 요가나 스트레칭, 그리고 들숨 날숨을 하면서 여유로움을 가지는 것이 좋다. 바디 스캔 명상 장소는 조용한 공간, 어느 정도 따뜻한 온도를 유지하며, 밝은 공간보다 약간 어두운 공간에서 실시하는 것이 좋다. 혼자서도 할 수 있지만, 여러 명이 함께 하는 것이 더 효과적이다.

몸의 자세는 앉아서도 할 수 있지만, 편안하게 누운 몸의 자세로 하는 것이 좋다. 누운 자세는 등 쪽이 충분히 바닥에 닿도록 하고, 양손은 몸의 옆쪽에 가까이 하되, 손바닥은 하늘을 바라보게 한다. 요가의 사바사나(sabasana : 송장 자세) 자세를 취한다.

① 매트를 깐 바닥이나 침대에 눕는다. 눈은 지그시 감고 양손은 몸통과 나란히 하고 양발은 적당히 벌어지게 한다.

② 이렇게 누운 자세에서 몸 전체의 감각, 몸과 바닥이 닿는 감각 등을 차근차근 느껴본다.

③ 1~2분간 심호흡을 한다. 아랫배로 주의를 옮기고 들숨에 배가 부풀어 오르고, 날숨에 내려가는 전 과정을 관찰한다. 이때 느껴지는 어떤 감각의 변화도 알아차림 한다.

④ 주의를 배에서 발로 옮겨 양발에서 어떤 감각이 느껴지는지를 관찰한다. 발가락에서 느껴지는 감각은 어떤가? 이어 발바닥→발등→발뒤꿈치→발목 순으로 주의를 옮겨 느껴본다.

⑤ 각 몸 부위마다 5～10초씩 주의를 머물게 하고, 숨은 들숨이 폐→배→다리를 거쳐 해당 부위에 갔다가 날숨에 역순으로 코를 통해 나온다고 느낀다.

⑥ 한 차례 깊이 숨을 들이쉬고 내쉬면서 발목에 있는 주의를 아랫다리로 옮긴다. 종아리가 바닥에 닿는 느낌, 피부 표면의 느낌, 다리 속 느낌 등 어떤 감각도 느껴본다.

⑦ 다시 한번 깊이 숨을 들이쉬고 내쉬면서 주의를 아랫다리에서 무릎으로 옮긴다. 무릎에 대해 머리로 생각하는 것이 아니라 지금 이 순간 무릎에서 실제로 느껴지는 감각을 알아차린다. 넓적다리도 같은 식으로 느껴본다.

⑧ 숨을 들이쉬면서 숨이 몸통→다리를 거쳐 발까지 쭉 내려갔다가 날숨에 반대로 다리→몸통을 거쳐 코를 통해 나온다고 상상한다. 이렇게 몇 차례 심호흡한다.

⑨ 이전과 같은 방법으로 주의를 엉덩이와 골반→허리→등→어깻죽지 전체로 천천히 옮기면서 감각을 알아차리고 호흡한다. 주의를 충분히 해당 부위에 두면서 감각 등을 느낀다.

⑩ 주의를 몸 앞쪽으로 옮겨 아랫배와 그 안에 담긴 장기→가슴의 폐와 심장을 살펴보고 이어 팔과 손으로 가 느껴본다.

⑪ 숨을 깊이 들이쉬고 내쉬면서 주의를 어깨와 목으로 옮겨 30초～1분 정도 머물며 느껴본 뒤 얼굴과 머리로 이동한다.

⑫ 얼굴은 턱, 입, 입술, 잇몸, 혀, 코, 뺨, 눈, 이마, 관자놀이 등을 주목하고 머리는 정수리, 머리 뒤쪽에 주의를 집중하라.

⑬ 특히 머리의 경우 숨이 머리를 가득 채운다고 생각하며 숨을 들이쉬고 내쉰다. 코와 정수리 부분을 통해 들어온 숨이 얼굴과 머리를 시원하게 채운다고 상상한다.

⑭ 이젠 역으로, 머리의 정수리 부분에서 시작하여 얼굴의 이마, 눈, 귀, 코, 입, 턱, 뒷머리, 목 뒷부분, 목 전체, 양어깨, 양 팔꿈치, 양 팔목, 양 손등과 손바닥, 다시 역으로 쭉 올라와서 가슴과 배, 복부, 등, 허리, 꼬리뼈, 엉덩이, 양 고관절, 양다리의 허벅지, 양 무릎, 양발의 종아리, 양발의 발목과 발등과 발가락, 양발의 바닥까지, 그리고 이어서 몸 전체로 올라가고 내려간다.

⑮ 몸 부위를 한 부분 한 부분씩 바디 스캔 하는 중에, 몸의 어떤 부위에서 아픔이나 좋지 않은 느낌이 일어날 때는 그 부분에 대해서는 한 번, 두 번, 약간의 시간이 걸리더라도 그 부위를 조금 더 집중하여 스캔한다.

⑯ 마지막 단계로 누운 자세에서 몸 전체에 주의를 돌려라. 들숨이 몸 전체를 채운다고 상상한다. 몸 전체로 숨을 들이마신 뒤 몸 전체로 숨을 내쉰다.

⑰ 이제 바디 스캔을 마치고 편안한 마음으로 '지금-여기-순간-존재함'을 만끽한다.

*유의사항: 바디 스캔 도중 마음이 다른 곳으로 방황할 때는 그 방황을 '알아차린' 후, 자신을 격려하고 친절하게 다시 해당 신체 부위로 주의를 되돌린다.

바디 스캔 실습

- 긴장된 몸과 마음의 이완을 위해 몸을 풀어주는 가벼운 요가나 스트레칭, 들숨 날숨을 하면서 여유로움을 갖는다.
- 조용한 공간, 따뜻한 온도, 밝은 공간보다 약간 어두운 공간이 좋다.
- 혼자서도 할 수 있지만, 여러 명이 함께 하는 것이 더 효과적이다.
- 앉아서도 할 수 있지만, 편안하게 누운 몸의 자세로 하는 것이 좋다.
- 누운 자세는 등 쪽이 충분히 바닥에 닿도록 하고, 양손은 몸의 옆쪽에 가까이 하되, 손바닥은 하늘을 바라보게 한다.

요가의 사바사나(sabasana : 송장 자세) 자세를 취한다.

바디 스캔은 몸 전체를 한 부분, 한 부분 한 곳도 빠트리지 않고, 자기 몸을 가만히 지켜보고, 어떤 부위에 걸림이나 아픔이 있는지 확인하며, 스캔한다.
머리의 정수리에서 시작하며 얼굴의 이마, 눈, 귀, 코, 입, 턱, 뒷머리, 목 뒷부분, 목 전체, 양어깨, 양 팔꿈치, 양 팔목, 양 손등과 손바닥, 다시 역으로 한다.

4-3 바디 스캔 명상 실습 ②

⑱ 누운 자세에서 바디 스캔을 했다면, 바로 벌떡 일어나지 말고, 끝내겠다는 예령으로 손과 발을 꼼지락꼼지락하면서 몸을 깨운다. 두 팔을 마주 잡고, 약간의 기지개를 2~3회 한다. 몸은 왼쪽으로 살짝 돌려 어머니 뱃속의 태아 자세처럼 웅크리고, 약간의 시간을 가지면서, 오른손을 바닥에 누르면서 천천히 일어나 앉는다. 일어난 후 두 손을 비비면서 얼굴과 몸을 천천히 마사지를 해 주면서 평상시처럼 몸과 마음을 깨운다.

⑲ 편안한 자세로 앉고 난 후 얼마 동안 들숨 날숨 호흡을 지켜보며, 호흡과 함께하는 명상의 시간을 가진다.

바디 스캔 명상은 감성 지능 개발, 즉 행복한 인지적 마음 개발을 위해서도 최적의 상태가 된다고 차드 멩 탄(Chade-Meng Tan)은 『너의 내면을 검색하라(권오열 옮김, 알키 펴냄, 2012)』에서 이야기하고 있다. 또한 만성적으로 몸에 아픔을 지닌 사람들이나 스트레스로 인해 불면증 등으로 고생하는 이들이 호흡하면서 자기 신체 부위를 한 부분씩 평안하게 바라볼 수 있을 때 비로소 자기 자신을 잃어버리고 살아가던 데서 벗어나 자신과 마주할 수 있는 시간을 가질 수 있다. 즉 자기 몸과 편안한 대화를 하고 돌봄을 가질 때, 오직 그 순간순간은 자신과 일치가 됨으로써 휴식과 더불어 이완이 이루어진다. 존 카밧진의 MBSR(스트레스 감소 프로그램)의 실습에서 핵심 연습 중 하나로 등장하면서 바디 스캔 명상은 명상의 본래적 의미보다는 통합의학 치유로 널리 널리 행하고 있기 때문에, 이 책에서도 자세하게 실습을 소개하였다.

- 처음 발끝, 발바닥 부분에서 정수리까지 한 부분 한 부분 스캔 했다면, 이젠 정수리 부분에서 발끝, 발바닥 부분까지, 그리고는 몸 전체를 오르락내리락 천천히 전체를 스캔을 한다.
- 바디 스캔을 끝마치고자 한다면, 스캔을 마치면서 양손을 잡고 위로, 발은 아래로 하면서 몸을 흔들어 깨운다.
- 일어날 때는 한순간 벌떡 일어나지 않고, 한쪽 옆으로 잠시 누워있다가 천천히 일어난다.
- 일어나 앉은 자세로 바디 스캔을 끝내고자 할 때는 잠시 들숨 날숨의 호흡을 길게 천천히 하고 난 후, 두 손바닥을 문지르고, 두 손바닥의 따뜻한 기운을 얼굴 부위, 머리 부위, 몸 전체 부위를 가볍게 마사지를 하면서 끝마친다.

〈유의 사항〉

바디 스캔 도중 마음이 다른 곳으로 방황할 때는 그 방황을 '알아차린' 후, 자신을 격려하고 친절하게 다시 해당 신체 부위로 주의를 되돌린다.

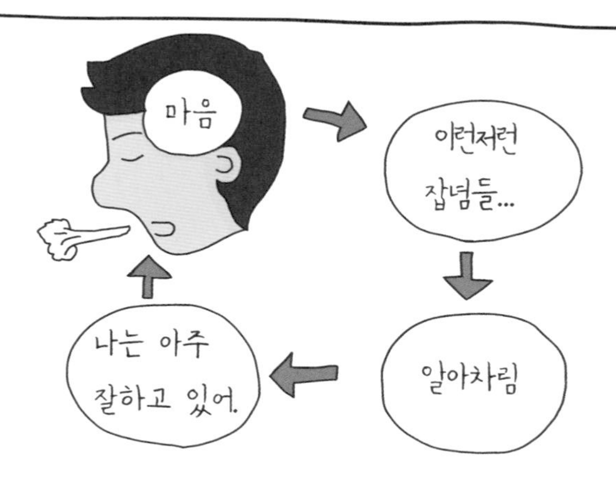

5-1 만트라 명상의 의미

만트라 명상은 특별한 의미를 갖고 있지 않은 말, '진언(眞言)' 또는 '주문', 즉 자신의 믿음 체계와 결합시킨 신념 요소의 말에 주의 집중하여 소리 내어 읊으면서 하는 명상을 말한다.

만트라는 위키백과사전에 따르면, "만트라〔Mantra, 데바나가리: སྔགས Mantra, 티베트어: मन्तर ngak, 와일리 표기: sngags), 만트람(Mantram)〕 또는 진언(眞言: 참된 말, 진실한 말, 진리의 말)으로 '영적 또는 물리적 변형을 일으킬 수 있다'고 여겨지고 있는 발음, 음절, 낱말 또는 구절이다. 밀주(密呪) 또는 다라니(陀羅尼)라고도 한다."

기원후부터 가장 잘 알려진 만트라(신성한 소리, mantra)의 기본 소리는 '옴(Aum)', '훔(Hom)'이다. 옴(Aum)에서 A는 창조를, U는 유지를, M은 소멸을 의미하는데 곧 옴은 창조와 유지와 소멸을 뜻한다.

명상에서 만트라를 암송하는 것은 생각을 일으키는 사고의 중심을 두드리는 것이다. 만트라를 계속 반복하면 처음에는 잡념이 일어나지만, 잡념을 알아차리고, 그 생각을 뒤로 미루어 두고, 의식을 무조건 만트라에 집중하다 보면, 머릿속은 어느새 깨끗하게 정리된다.

만트라 명상은 특별한 의미를 갖고 있지 않은 말, 진언(眞言) 또는 주문, 즉 자신의 믿음체계와 결합시킨 신념요소의 말에 주의 집중하며 소리 내어 읊는 것을 말한다.

만트라(신성한 소리, mantra)의 기본 소리는 기원후부터 가장 잘 알려진 말은 '옴(Aum)', '훔(Hom)'이다. 옴(AUM)에서 A는 창조를, U는 유지를, M은 소멸을, 창조와 유지와 소멸을 뜻한다.

만트라 암송하는 것은 '생각을 일으키는 사고의 중심을 두드린다'고 한다. 만트라를 계속 반복하면 처음에는 잡념이 일어나지만, 잡념을 알아차리고, 그 생각을 뒤로 미루어 두고, 의식을 무조건 만트라에 집중하다 보면, 머릿속은 어느새 깨끗하게 정리된다.

5-2 만트라 명상 체계에 대한 과학적 토대

만트라 명상의 전문가들은 만트라가 작용하는 과정에 대해서 서로 다른 견해를 가지고 있다. 어떤 학파는 만트라를 반복하여 외움으로써 신체의 특정 부위와 특정 장기에서 그 소리가 진동되어 공명을 일으키는 치유 효과가 있다고 한다.

일본의 명상가 호우사이 아리나(寶彩有朵)는 『자기개발을 위한 명상 2007』(이필원 옮김)에서 명상에 들어갈 때 만트라에 주의 집중하여 암송하는 것은 "머릿속을 깨끗이 정리할 필요가 있다. 단순한 말 '옴 스바하!' 등을 반복하여 외우게 함으로써 '잡념'을 분명하게 자각할 수 있도록 고안해 낸 방법이다."라고 하였다. 즉 만트라가 마음속에서 일어나는 여러 생각들을 잠재울 수 있는 좋은 방법임을 강조하고 있다.

만트라를 암송하게 되면, 한 가지 분명한 사실은 만트라가 어떤 방식으로 작용하는지는 알 수 없다고 하더라도 그 효과는 의심할 여지가 없이 많은 체험이 일어난다는 것이다.

휴식 단계의 심호흡과 병행하여 만트라를 끝없이 외는 목적은 생각의 일상적인 틀이나 형태를 부수고, 그 자리를 긍정적인 것으로 채우고 있다는 점이다. 수행할 때, 일단 새로운 생각이 채워지면 낡은 생각에 대한 흥미는 없어져서 그대로 사라져 버린다.

반복해서 소리 내어 계속 진행하다 보면 텅 빈 무심의 상태, 깨끗하고 고요한 본래의 마음 상태로 돌아온다. 이러한 상태도 체험을 통해서만 알 수 있다.

만트라 명상의 체계에 대한 과학적 토대 논의: 만트라 소리 명상을 과학적으로 추론하기는 어렵지만, 단순하지만 신념이 들어 있는 말, 만트라(소리)를 반복해서 암송하며 마음속에서 일어나는 여러 생각들을 잠재울 수 있는 좋은 방법이라고 강조한다.

만트라 명상의 효과

– 휴식 단계의 심호흡과 병행하며 만트라를 끝없이 외는 목적은 생각의 일상적인 틀이나 형태를 부수고, 그 자리를 긍정적인 것들로 채우기 위해서다.

일본의 명상가 호우사이 아리나의 만트라의 효과에 대한 주장

명상에 숙달하기 위해서는 우선 머릿속을 깨끗이 정리할 필요가 있습니다. 단순한 말 '옴 스바하!' 등을 반복하며 외우게 함으로써 '잡념'을 분명하게 자각할 수 있도록 고안해 낸 방법이지요.

5-3 만트라 명상 방법

만트라 명상 방법은 먼저 들숨 날숨 호흡을 하면서 자기가 좋아하거나 자신의 심오한 감정, 신념을 표현하는 낱말이나 구절을 조용히 반복하는 것을 포함한다. 명상하는 동안 자신의 지각을 더 높은 상태로 끌어 올려줄 만트라 낱말들을 사용한다. 예를 들면, '옴(오~우~훔), 옴 마니 반메 훔, 옴 남 스바하', '나무아미타불', '나무', '아멘', '하나, 둘'도 만트라가 된다.

명상의 한 도구, 생각의 바다에서 빠져나오는 구명보트로 사용할 수 있다.

* 만트라 명상에 숙달되기 위해서는 몇 가지 밟아야 하는 단계가 있다.

① 편안한 자세를 취한다.

② 이미 배운 방법을 활용하여 몇 분 동안 긴장을 풀도록 한다. 몇 차례 호흡 훈련을 한다.

③ 만트라를 외기 시작한다. 단, 다음의 사항들을 유의하도록 한다. 낭랑하게 외워야 하지만, 입안의 점막이 말라붙지 않도록 시작은 작은 소리로 간신히 들릴 정도를 유지하다가, 점차 큰 소리로 소리에 몰두한다.

④ 만트라를 외고 있을 때 주의를 산만하게 하지 않는다. 자기에게 적합한 리듬을 찾아내어 그대로 지켜나가도록 한다.

⑤ 만트라를 외는 시간은 15분에서부터 시작한다. 몇 주일 뒤, 이 수행에서 진정으로 얻는 것이 있다고 느끼면 시간을 연장한다.

⑥ 정규 수행법의 일부로 편입시키기 전에 2, 3주 동안의 테스트 기간을 갖도록 하는 것이 좋다. 만트라에 집중하면, 생각은 서서히 긍정적인 것으로 변화하면서 이완에 의한 치유까지 얻을 수 있다.

만트라 명상 방법은 먼저 들숨 날숨 호흡을 하면서 자기가 좋아하거나 자신의 심오한 감정, 신념을 표현하는 낱말이나 구절을 조용히 반복하는 것을 포함한다.

만트라 소리는 '옴(오~우~훔), 옴 마니 반메 훔, 옴 남 스바하', '나무아미타불', '나무', '아멘', '하나 둘' 등 생각의 바다에서 빠져나오는 구명보트로 사용할 수 있다.

만트라 명상에 숙달되기 위해서는 몇 가지 단계; 편안한 자세, 호흡을 하면서, 시작의 소리는 간신히 들릴 정도를 유지하다가 점차 큰 소리로 소리에 몰두한다.

만트라를 외는 시간은 15분에서부터 시작해서, 점차 수행의 시간을 길게 한다.

5-4 '옴' 만트라 체험 실습

몸과 마음을 정화하고 고요하게 하는 '옴' 만트라를 하기 전에 먼저 몸을 이완하기 위해서 요가 동작을 몇 가지를 한다.

* 편안한 자세(가부좌 자세는 더욱 좋음)로 들숨 날숨을 10회 정도 반복하면서 '옴' 만트라 자세의 틀을 마련한다.

*'옴' 만트라의 소리는 '오~', '우~'. '훔~'의 소리로 나누어 반복한다. 특히 '오~'의 소리를 낼 때는 가슴 부위에서 떨리면서 진동이 일어나고, '우~'의 소리를 낼 때는 목 부위에서 진동이 크게 일어난다. 그리고 '훔~'의 소리를 낼 때는 머리(정수리) 부위에서 떨림의 진동이 크게 나타난다.

① 들숨을 깊게 한 후 입을 벌린 상태에서 날숨을 하면서 '오~~~'의 소리를 반복한다.(초보자는 오른손을 가슴 부위에 올리면 가슴 부위의 진동을 크게 느낄 수 있다.)

② 들숨을 깊게 한 후 입을 벌린 상태에서 날숨을 하면서 '우~ ~ ~'의 소리를 반복한다.(초보자는 오른손을 목 부위에 올리면 목 부위의 진동을 크게 느낄 수 있다.)

③ 들숨을 깊게 한 후 입을 다문 채, 코로 날숨을 하면서 '훔~ ~ ~'의 소리를 반복한다.(초보자는 오른손을 머리 부위에 올리면 머리의 정수리 부위에서 진동을 크게 느낄 수 있다.)

④ 천천히 느리게 의식을 '오~ 우~ 훔~'의 만트라에 집중하여 반복하면서 10~15분 정도 계속한다.

⑤ 만트라 명상을 마친 후 맑은 마음으로 가까운 사람, 먼 사람들에게 감사와 평화를 기원하는 자애의 마음을 보낸다.

몸과 마음을 정화하고, 고요하게 하는 '옴' 만트라 진동 체험
'옴' 만트라는 '오~', '우~', '훔~'의 소리로 나누어 반복한다.
특히 '오~'의 소리를 낼 때는 가슴 부위에서 떨리면서 진동이 일어나고,
'우~'의 소리를 낼 때는 목 부위에서 진동이 크게 일어난다. 그리고
'훔~'의 소리를 낼 때는 머리(정수리) 부위에서 떨림의 진동이 크게
나타난다.

최근 의학계에서 뇌의 진동은 내 안의 생명 리듬을 되찾아 준다.
뇌파진동은 고개를 도리질하듯이 좌우로 움직이는 동작을 반복함으로써
불필요한 생각들을 '일시 정지'시킨다.

뇌파 진동은 두뇌 생리학을 기반으로 뇌를 조정하며 감정과 의식을 돌보며, 자기 안의 생명의 리듬을 찾아 자연 치유력을 깨움으로써 여러 가지
증세를 완화시키는 효과가 있다.

6 차 명상

지금 현재 순간순간 행하고 있는 것에 주의 집중하여 분명하게 깨어 있는 상태에서 행하는 명상의 과제는 무수하게 많다고 할 수 있다.

우리의 일상에서 할 수 있는 다양한 것들에 대해서 붓다가 주장한 주의 집중 명상으로 연결시킬 수 있다.

그중에서 차 명상은 차분하게 앉아서 차를 달이고, 달인 차의 찻물의 색깔을 보고, 찻잔에 따르는 소리를 듣고, 차의 향기를 맡고, 차의 맛을 보고, 혀에 닿는 부드러운 촉감을 느껴보는 오감에 주의 집중한다. 그리고 차의 맛을 알고, 그 차 맛에 주의 집중하는 전통을 가지고 있다.

현대의 바쁜 일상은 다구를 가지고 한가롭게 차를 달여서 먹을 수 있는 시간적 여유가 없기에, 오늘날 많은 이들은 직접 차를 달여서 마시는 것보다 커피 등 쉽게 구하고 마시는 것이 일상의 차 문화로 자리 잡고 있다.

한국의 차 문화를 집대성한 초의 선사(1786~1866)의 "차를 마시는 것은 곧 깨달음을 얻는 선 수행과 같다."는 다선일미(茶禪一味)의 경구가 유명하다.

> 뉘라서 참다운 차 맛을 알리오. 달콤한 잎, 우박과 싸우고,
> 삼동에도 청청한 흰 꽃은 서리를 맞아도, 늦가을 경치를 빛나게 하나니
> 선경에 사는 신선의 살빛같이 또 깨끗하고
> 연부나무 단금같이 향기롭고 아름다워라. – 애차시(초의 선사) 중에서

먹는 것을 주제로 수행의 대상으로 삼았던 것은 많이 있을 수 있지만, 특히 위빠사나 소의경전인 『대념처경』에서 "음식을 먹을 때도 마실 때도 씹을 때도, 맛볼 때도 분명히 알면서 행한다."고 하는 구절은 음식을 먹는 순간에도 주의 집중할 것을 강조하고 있다.

음식을 명상의 주제로 삼은 것은 일찍이 차(茶)를 중심으로 삼았다. 그러나 오늘날 한국에서 차 문화의 일상에서는 옛 전통의 차 문화보다 인스턴트 커피 문화가 유행하고 있다.

한국의 차 문화의 전통을 집대성한 초의 선사(1786~1866)는 "차를 마시는 것은 곧 깨달음을 얻는 선 수행과 같다"는 다선일미(茶禪一味)를 강조했다.

7-1 건포도 먹기 명상의 의미

건포도를 먹기 명상의 대상으로 삼은 곳은 미국 등 서구 명상센터에서 행하기 시작하였으며, 특히 건포도는 쉽게 구할 수 있고, 포도알이 건조되면서 보이는 색깔과 향의 진한 맛을 느낄 수 있기 때문에 명상의 도구로 쓰였다.

먹기 명상을 명상센터에서 실시하게 된 여러 가지 이유 중 대표적인 것은 우리는 매일 음식을 먹고 있으나, 먹고 있는 음식에 대해서 다만 습관적으로 건성으로, 자동 조절 행동으로 먹고 있는 것에 착안했다고 볼 수 있다. 이제 매일 먹는 음식에 대해서 오감으로 주의 집중하여 음식 하나하나를 먹을 때 우리가 전혀 이해하지 못했던 새로운 사실을 분명히 자각할 수가 있다.

이처럼 건포도 먹기 명상 훈련은 오감을 주의 집중하여 몸 마음 알아차림(sati, 念)하는 데 가장 접근하기 쉬운 훈련이다. 그리고 현대인들이 겪고 있는 폭식과 빨리 먹는 습관에 의한 비만 등이 사라지고 음식에 대한 소중함과 나누어 먹을 줄 아는 공동체 의식이 생겨날 수가 있다.

먹기 명상은 단순한 행동으로 세상에 태어나 처음 먹어보는 음식이라고 생각하면서, 천천히 음식에 대해서 주의 집중하게 되면 자동 조절의 행동이 멈추게 되고 먹는 순간순간에 머물게 되면서, 알아차림의 힘을 키울 수가 있기 때문이다.

건포도 먹기 명상 : 건포도를 택하는 이유는, 그것을 쉽게 구할 수 있고,
포도알이 건조되면서 보이는 색깔이나 향의 진한 맛을 느낄 수 있기 때문이다.

먹기 명상 하는 까닭 : 매일 음식을 먹고 있으나, 먹고 있는 음식에 대해서
다만 습관적으로 건성으로, 자동 조정 행동으로 먹고 있는 것에 착안,
순간순간에 대한 알아차림 훈련

효과 : 현대인들이 겪고 있는 폭식과 빨리 먹는 습관에 의한 비만 등이
사라지고 음식에 대한 소중함과 함께 나누어 먹을 줄 아는 공동체 의식을
키울 수가 있다.

7-2 건포도 먹기 명상 실습

건포도 3알을 먹기 명상에 활용한다. 먼저 주의할 점은 건포도 3알을 받는 순간부터 이 건포도에 집중하면서 전에는 한 번도 보지 않았던 것처럼 흥미와 호기심을 갖고 그것을 관찰하는 것이다. 안내자의 지시문 사이에 적어도 10초간 멈추고, 지시는 느리면서 침착하게 사실적인 방법으로 행한다.

건포도 한 알을 잡아서 손바닥 위 혹은 엄지와 중지의 손가락 사이에 잡는다. 그것에 주의를 집중하라. 손가락 사이에서 말랑말랑한 질감(촉감)을 느껴보라. 빛에 비추어 보면서 밝은 부분과 어둡게 움푹 들어간 주름을 살펴보라. 이때 '지금 무슨 이상한 일을 하고 있는 거지? 혹은 이걸 대체 왜 하는 거지? 혹은 이런 것은 하고 싶지 않아!' 와 같은 생각이 든다면 그것을 단지 생각으로 알아차리고 주의를 다만 건포도에 되돌려라.

이제 건포도의 냄새를 맡아보라. 건포도를 들어서 코 밑에 가져가 보라. 그리고 숨을 들이쉴 때마다 주의 깊게 건포도 냄새를 맡아보라. 손과 팔이 정확하게 어디에 건포도를 두는지 주목하면서, 또한 입에서 침이 고이는지를 주목하면서 이제 천천히 건포도를 입으로 가져가라.

건포도를 부드럽게 입으로 가져가서 입안에서 얼마나 건포도를 잘 받아들였는지를 주목하면서 입에서 생기는 맛의 감각을 느껴보라. 그리고 준비가 되었을 때 의식적으로 건포도를 씹어보고 풍겨 나오는 맛에 주목하라. 입안에 생기는 침에 주목하고, 건포도의 밀도가 어떻게 변화하고 있는지를 느끼면서, 천천히 목으로 삼켜라. 그리고 위에 들어가 있는 무게까지도 느껴보라.

건포도 먹기 명상 실습: 건포도에 주의 집중하면서 이전에는 한 번도 보지 않았던 것처럼 흥미와 호기심을 갖기

순서: 손바닥 위에서 무게를, 말랑말랑하는 질감을, 불빛에 비추면서 표면의 주름, 코끝에서 냄새, 입안에서 침이 고임, 혀끝에 올려놓고 그 무게, 느끼는 맛, 씹으면서 느끼는 질감, 삼키고자 하는 의도, 삼킬 때 목 안의 감각, 위까지 내려가는 느낌, 몸속에서 첨가된 무게 느낌.

중점: 무의식적으로 자동 조절에 의해 행하던 일상의 활동들에 대해 알아차림과 새로운 지혜 통찰

수행이 끝난 후, 1주일 동안이라도 음식을 먹을 때 건포도 먹기 훈련처럼 오감의 촉감을 알아차리면서 먹기 명상을 권유한다.

8 촛불 명상

어둠의 공간에서 밝히는 작은 촛불은 우리의 감각을 하나로 모을 수 있는 좋은 주의 집중 수행 도구의 하나로 전해지고 있다. 촛불 명상은 촛불을 바라보며, 그곳에 집중함으로써 산만한 생각을 잠재운다. 특히 촛불 명상에서 촛불 밝힘은 마음을 경건하게 하고, 동시에 어떤 소원을 이루고자 하는 뜻을 내포하고 있기에, 정갈하게 정리된 장소에서 약간 어둡고, 공기가 잘 통하는 곳이면 더욱 좋다.

촛불을 밝힌 후, 허리를 곧게 펴고 깊은 호흡을 천천히 하며 편안한 자세로 앉는다. 두 손은 위로 향하게 펴서 무릎 위에 편하게 놓는다. 그리고, 촛불에 의식을 집중한다. 양초를 주시할 때 눈동자는 양초의 촛불 끝부분에 고정하여야 하며 2～3분 정도 바라본다. 너무 오래 시선을 고정시키면 눈이 아플 때는 눈을 감고, 촛불의 잔상을 바라본다. 그때 제3의 눈인 미간에서 잠시 촛불의 잔상을 바라볼 수도 있다.

처음에는 작게 보이던 촛불이 점점 커 보이고, 밝고 찬란한 빛이 내 몸 안에 가득 채워짐을 느끼게 될 수 있다. 서서히 집중의 시간을 늘려본다.

이때, 아무 생각 없음은 뇌를 안정시킨다. 촛불의 불꽃에 사고를 집중하여 잡념을 제거한 후 마음을 편안하게 다스린다. 마치 뇌가 아무런 작동을 하지 않는 것처럼, 자신의 의식과 몸의 감각 기관을 분리시킨다. 촛불에 주의 집중을 하면서도 긴장감을 느끼지 않고 휴식하는 상태를 유지한다. 특히, 촛불을 응시하는 명상은 뇌를 진정시키는 데 효과가 있다. 주의할 점은 렌즈를 끼고 있는 이들이나 눈에 아픔이 있는 이들은 권유하지 않는 것이 좋다.

촛불에 주의 집중하는 촛불 명상: 이 명상법은 어두운 공간에서 밝히는 작은 불빛은 우리의 감각을 하나로 모을 수 있는 좋은 방법으로 전해져오고 있다.

장소는 정갈하게 정리된 곳에서, 약간의 어두움이 있고, 공기가 잘 통하는 곳이면 좋다.

촛불을 밝힌 후, 허리를 곧게 펴고 깊은 호흡을 천천히 하며 편안한 자세로 앉는다. 두 손은 위로 향하게 펴서 무릎 위에 편하게 놓는다. 그리고 촛불에 의식을 집중한다.

촛불을 주시할 때 눈동자는 양초의 촛불 끝부분에 고정하여야 하며 2~3분 정도 바라본다. 눈이 아플 때는 눈을 감고, 촛불의 잔상을 바라본다. 그때 제3의 눈인 미간에서 잠시 촛불의 잔상을 볼 수도 있다.

9 만다라 그리기 명상

만다라 그리기 명상은 티베트에서 종교적 의례나 기도 수행에 많이 사용된다. 만다라는 산스끄리뜨어로 원(圓)이라는 의미를 가지고 있으며, 만다(曼荼, 중심 또는 본질)와 라(羅, 소유 혹은 성취)의 합성어이다. 최근 만다라 그리기 명상이 주목받고 있다. 만다라를 그리는 동안 인간과 인간, 인간과 자연, 나아가 우주와의 관계를 회복하며, 확대된 영성 체험으로 전개되고 있다고 보고 있으며, 나아가 일상의 근심, 걱정 등을 잊고 고요하고 평화로운 마음을 체험할 수 있다는 점에서 명상의 한 부분으로 자리 잡고 있다.

원(圓)의 상징 언어로 사용되는 만다라와 미술치료 명상은 학문적으로 종교학과 심리학에서 보편적인 개념으로 발전하였으며, 심리치료와 예술치료에도 중요한 역할을 하는 치료적 개념에 적용하고 있다.

만다라 그리기를 처음 심리치료에 적용한 융(G.jung)은 스스로 만다라 수행을 통해서 내면의 깊이를 경험하면서 널리 알리게 되었고, 자아 초월의 관점에서 집단무의식과 원형의 관점에서 연구하게 되었다. 특히 만다라 명상과 만다라 그리기 체험은 정신건강의 회복뿐만 아니라, 잠재된 성장 가능성을 경험하고 재확인하는 자기 치유를 내포하고 있다는 점이다. 만다라 그리기에서 원의 중심을 찾아가는 과정은 바로 정신의 성장을 향하는 길이며, 그 길은 미로처럼 중심에 다가갔다가 다시 그곳에서 멀어지는 과정을 반복하면서 깨우침을 얻을 수 있다는 것이다. 여기에서 중요한 것은 이러한 과정을 본인 스스로 결정하고, 고통에 직면할 때는 사람의 다양한 면을 받아들이고 이해하려는 자세가 생겨나게 되는 현재를 깨어 있게 한다.

- 만다라 그리기 명상은 티베트의 불교에서 종교적 의례나 기도를 위한 수행에서 많이 사용되고 전해진다.
- 만다라는 원(圓)이라는 의미를 가지고 있으며, 만다(曼荼, 중심 또는 본질)와 라(羅, 소유 혹은 성취)의 합성어로 구성되어 있다.

만다라 그리기 명상은 만다라를 그리는 동안 인간과 인간, 인간과 자연, 나아가 우주와의 관계를 회복하는 확대된 영성 체험으로 전개되고 있다고 보며, 나아가 일상의 근심, 걱정 등을 잊고 고요하고 평화로운 마음을 체험할 수 있다는 점에서 명상의 한 부분으로 자리 잡고 있다.

만다라를 처음 심리치료에 적용한 융(G.jung)은 자신이 만다라 수행을 통해서 내면의 깊이를 경험하면서 널리 알리게 되었고, 자아 초월의 관점에서 집단무의식과 원형의 관점에서 연구하였다. - 만다라 그리기는 일반적으로 문양이 있는 만다라를 선택하여 색칠을 할 수도 있고, 자신이 스스로 자유롭게 그리기도 한다.

10 주의 집중력을 키우고, 공감 능력을 키우는 명상들

주의 집중력을 키우고 공감 능력을 키우는 명상법은 일상에서 다양한 소재를 활용하여 전개할 수 있다.

듣기 명상 : 말을 하는 화자와 듣기를 하는 청자가 서로 짝이 되어서, 화자는 2~3분 정도 오직 청자에게 하고 싶은 말을 하고, 청자는 화자의 말을 단지 주의 집중하여 눈을 바라보며 들어주고, 다시 역으로 청자는 본인이 하고 싶은 말을 화자에게 하고, 화자는 말을 하지 않고, 청자의 말을 오직 주의 집중해서 들어주는 공간을 만들어 주는 것도 명상이 될 수 있다. 듣기 명상은 무심하게 하는 상대의 말과 행동에 불안과 긴장으로 스트레스를 받아 분노를 일으키는 상황에서 분노의 원인을 서로 논의하여 용서하기와 감사하기, 칭찬하기 등으로 진행하는 것도 명상이 될 수 있다.

요가 명상 : 요가와 함께 오래전부터 발전하였으며, 특히 요가 아사나 자세를 취할 때마다 호흡과 함께 몸의 근육을 하나하나 주의 집중하여 챙겨보고 이완하며, 그 상태에서 머물 수 있는 삼매의 순간을 만드는 동작 명상의 일부라고 할 수 있다. 또한 고요하게 마음을 주의 집중으로 유도하는 싱잉 볼(sing bowl) 소리의 파장을 활용하여 명상에 도움을 받을 수 있고, 그 소리에 주의 집중하여 삼매로 나아가는 듣기 명상도 될 수 있다.

차크라(charkra) 명상 : 차크라는 산스끄리뜨어로 '바퀴' 또는 '원형'이라는 뜻을 지니고 있으며, 의식과 무의식 상태에서 지속적으로 회전하는 공 모양의 차크라는 인간의 감각, 감정, 신체 기능을 지배하고 있는 에너지 센터를 각성하는 수행도 명상에 활용할 수 있다.

주의 집중력을 키우고 공감 능력을 키우는 명상법은 일상에서 다양한 방법으로 전개할 수 있다.

- 듣기 명상: 상대의 말에 서로 주의 집중하며 화자와 청자에게 마음을 평안하게 말을 할 수 있게 하며, 공감 능력을 키울 수 있고, 서로를 존중할 수 있는 환경을 만드는 데 도움을 줄 수 있도록 마음을 모으는 명상이 될 수 있다.
- 요가 동작 명상: 호흡과 함께, 몸의 근육을 이완하고 수축하는 다양한 몸의 동작을 바라보고 지켜보는 과정을 통해 주의 집중능력 향상과 마음의 고요와 평온으로 나아갈 수 있게 한다. 또한 오랜 전통 수행 속에서 전해 내려오는 싱잉 볼의 고요한 소리를 들으면서 명상을 진행할 수 있다.

- 차크라(charkra) 명상: 차크라는 산스끄리뜨어로 '바퀴' 또는 '원형'이라는 뜻을 지니고 있으며, 의식과 무의식 상태에서 지속적으로 회전하는 공 모양의 차크라는 인간의 감각·감정· 신체 기능을 지배하고 있는 에너지 센터를 각성하는 수행도 명상에 활용할 수 있다.

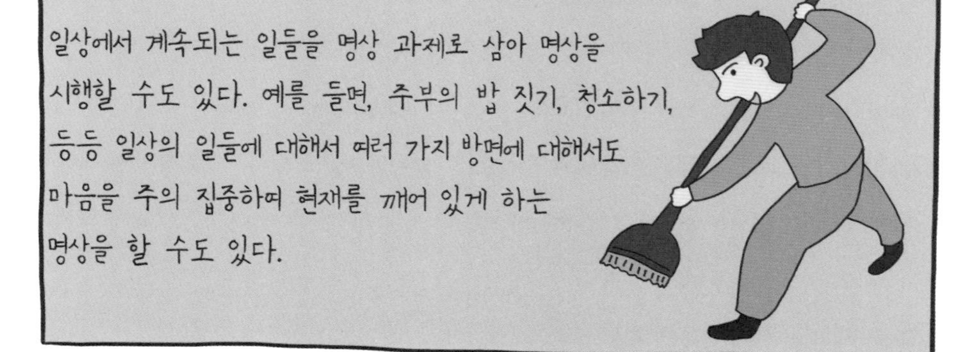

일상에서 계속되는 일들을 명상 과제로 삼아 명상을 시행할 수도 있다. 예를 들면, 주부의 밥 짓기, 청소하기, 등등 일상의 일들에 대해서 여러 가지 방면에 대해서도 마음을 주의 집중하며 현재를 깨어 있게 하는 명상을 할 수도 있다.

| 인용 및 참고문헌 |

1. 『출입식념경(Ānapāna sati sutta) M118』

2. 대림 스님 옮김 『들숨 날숨에 마음챙기는 공부』(초기불전 연구원, 2004)

3. 『대념처경(Mahāsatipaṭṭhāna sutta) D22』

4. 각묵 스님 옮김 『네 가지 마음 챙기는 공부』(초기불전연구원, 2008)

5. 『佛說大安般守意經』(대정장, 15권)

6. 정태역 역 『안반수의경(붓다의 호흡과 명상), 1,2』(정신세계사, 2000)

7. 성철 스님 법어집 『돈황본 육조단경』(장경각, 불기 2533년)

8. 지눌 원저/강건기 강설 『수심결, 마음닦는 길』(불일출판사, 1990)

9. 현각 스님 엮음 『선학강의, 禪宗四部錄』(불일출판사, 1998)

10. 붓다다사 선사 법문, 김열권 편역 『아나빠나사띠, 마음으로 숨쉬는 붓다』(도서출판 한길, 2005)

11. 래리로젠버그 지음, 미산 역 『일상에서 호흡명상, 숨』(한언 숨, 2006)

12. 김말환 저 『선수행과 심리치료』(민족사, 2006)

13. Jon Kabat-Zinn, 『Full Catastrophe Living』 Delta, 1990

14. 존 카밧진 지음, 장현갑 옮김 『마음챙김 명상과 자기치유, 상하』(학지사, 2005)

15. Matthew Flickstein, 『Journey to Center』, Wisdom Publcation Inc, 1998

16. Matthew Flickstein 지음, 고형일 외역 『명상심리치료입문, 내면으로의 여행』(학지사, 2007)

17. David Brazier, “Zen Therapy : A Buddhist Approach to Psychotherapy”, Constable & Robinson, 2001

18. David Brazier 지음, 김용환 외역 『선치료』(학지사, 2007)

19. Z. V. Segal 외 공저, 이우경 외역『마음챙김에 기초한 인지치료』(학지사, 2002)
20. Steven C. Hayes 외 공저, 문형미 외역『마음에서 빠져나와 삶속으로 들어가라, 새로운 수용전념치료』(학지사, 2010)
21. 안도오사무 지음, 인경 스님, 이필원 옮김『심리치료와 불교』(불광, 2010)
21. 寶彩有caption 지음, 이필원 옮김『자기계발을 위한 15분 명상』(불광, 2011)
22. 아리타 히데이, 겐유소큐 지음, 이성동 옮김『선과 뇌(좌선은 위대한 뇌 훈련법이다)』(운주사, 2012)
22. 혜거 스님 지음『15분 집중 공부법』(파라주니어, 2008)
23. 차드 멩 탄 지음, 권오열 옮김『너의 내면을 검색하라』(알키, 2012)
24. 오쇼 강의, 손민규 옮김『명상, 처음이자 마지막 자유』(태일출판사, 2013)
25. Rune E. A. Johansson 지음, 박태섭 옮김『불교의 심리학』(시공사, 1991),
26. 윌리엄 하트 지음, 담마코리아 옮김『고엔카의 위빳사나 명상』(김영사, 2020)

도표로 읽는 명상 입문

초판 1쇄 인쇄 2023년 3월 13일
초판 1쇄 발행 2023년 3월 20일

지은이 김말환
그린이 배종훈

펴낸이 윤재승
펴낸곳 민족사
주간 사기순
디자인 남미영
기획편집팀 사기순, 김은지
기획홍보팀 윤효진
영업관리팀 김세정

출판등록 1980년 5월 9일 제1-149호
주소 서울 종로구 삼봉로 81 두산위브파빌리온 1131호
전화 02-732-2403, 2404
팩스 02-739-7565
웹페이지 www.minjoksa.org, www.facebook.com/minjoksa
이메일 minjoksabook@naver.com

ISBN 979-11-6869-029-5 03220